TABLEAU

HISTORIQUE ET POLITIQUE

DE

LA DISSOLUTION

ET

DU RÉTABLISSEMENT

DE

LA MONARCHIE ANGLAISE,

DEPUIS 1625 JUSQU'EN 1702.

PAR LE CITOYEN J. CHAS.

A PARIS,

CHEZ

PILARDEAU, imprimeur, rue André-des-Arts, no. 20.

LEFORT, libraire, rue du Rempart-Honoré, no. 961.

SUROSNE, libraire, dans la 2ème. cour du palais Egalité.

AN VIII.

INTRODUCTION.

C'EST dans les annales des peuples que l'historien philosophe observe et suit la marche de la nature, les passions, les erreurs, les crimes et les vertus du cœur humain. Il y apprend à calculer et à prédire les destinées des nations ; il voit, comme dans une glace fidèle, ces causes secrètes qui ébranlent les empires, détruisent les gouvernemens et les sociétés, renversent les lois, les autels et les trônes. L'étude de l'histoire nous unit à tous les siècles et à toutes les générations ; elle montre et développe les effets des révolutions politiques, et leur influence sur les mœurs, les principes, les opinions et le caractère des peuples.

Une nation opprimée par de longues infortunes, et avilie par les crimes et les usurpations du gouvernement, doit nécessairement s'agiter pour briser ses fers et rentrer dans l'exercice de ses droits légitimes. La révolution se prépare dans le silence : elle éclate au milieu des cris de la douleur et de l'oppression. Si à cette époque les lumières sont répandues, si la puissance de la raison se développe, le peuple fait des efforts courageux pour sortir de l'état de stupeur et d'esclavage qui le dégrade : embrasé du feu sacré de la liberté, il va chercher dans le code de la nature, et de la justice ses droits et ses devoirs, il prend de nouvelles forces, même dans le souvenir de ses anciens malheurs : il se rappelle qu'il existe un contrat primitif, il en medite les avantages et les obligations, il sent qu'il n'est point fait pour être l'esclave d'un gouvernement arbitraire et corrompu : il demande une nouvelle constitution et de nouvelles lois pour affermir la liberté publique, pour arrêter les attentats du despotisme, et pour mettre un frein aux déprédations ministérielles et aux dilapidations des courtisans.

Cette révolution est juste, nécessaire, légitime : c'est l'ouvrage de l'impulsion nationale, le vœu général, le consentement universel et la volonté constante de tous les membres du corps social. Dans ce nouvel ordre de choses, la nation ne desire que le bonheur n'agit que pour l'intérêt commun : elle cherche à garantir l'état des horreurs de la licence et des crimes de l'anarchie ; en détruisant le despotisme et en consacrant sa souveraineté, elle veut conserver ces principes fondamentaux et ces institutions salutaires sur lesquels reposent la splendeur et la prospérité des empires ; elle ne demande que des lois réformatrices, et non des décrets d'anarchie, de destruction et de mort.

En présentant le tableau historique et politique de la dissolution et du rétablissement de la monarchie anglaise, nous avons voulu prouver cette grande vérité, que toute constitution qui n'a point pour base la souveraineté et l'indépendance de la nation, et pour fondement la justice, la morale et ces principes propres à régénérer les

mœurs publiques, doit nécessairement périr et se dissoudre ; elle peut
bien se soutenir pendant quelques
tems par la force, par la terreur, par
la tyrannie, par la séduction; mais
un ver invisible corrompt sa tige, elle
se dessèche et tombe en pourriture.
Toute loi qui est contraire aux droits
du peuple, aux maximes de la justice devient une source de malheurs
et de crimes, il faut qu'elle s'anéantisse ou que l'état soit bientôt préci-
pité vers sa dissolution.

Nous avons réuni dans notre Tableau politique, les révolutions de
1625 et de 1688. Ce fut à cette dernière époque que la monarchie anglaise vint s'affermir sur ses antiques
fondemens, et que l'ancienne constitution reprit sa force et sa vigueur.

TABLEAU

HISTORIQUE ET POLITIQUE

D E

LA DISSOLUTION

E T

DU RÉTABLISSEMENT

D E

LA MONARCHIE ANGLAISE.

CHARLES Ier. monta sur le trône britan- Année 1625.
nique dans un tems où de grandes idées de
liberté et d'indépendance fermentoient de
toutes parts, et devoient nécessairement opérer une révolution : la nation ne voyoit dans
ses chefs et ses rois , que des oppresseurs et
des tyrans. Les méfiances, l'ambition, l'hypocrisie , la férocité éclatèrent avec fureur ;
le fanatisme civil se réunit à la superstition
réligieuse ; ce délire moral et politique dé-
natura tous les principes, corrompit les opinions, dégrada le caractère national , et sur
cette anarchie, et cette désorganisation des

principes sociaux, s'éleva un gouvernement qui consacra la tyrannie et les crimes, et prépara la misère et l'esclavage du peuple. Ce n'étoit point ici une nation qui veut briser les fers de la servitude et rentrer dans l'exercice de sa souveraineté usurpée, c'est une multitude égarée et féroce, qui va remettre à un tyran hypocrite et usurpateur, les chaînes de l'esclavage, destinées à l'asservir. C'étoit ici le cri de cette liberté qui est un double principe d'insurrection et de tyrannie propre à perpétuer les factions et à bouleverser les empires. La liberté est sans doute un bienfait précieux de la nature : un peuple a le droit incontestable de réclamer l'exercice de son indépendance, et de s'opposer à l'abus du pouvoir, en brisant les fers du despotisme, en exerçant ou en déléguant sa souveraineté, il manifeste sa grandeur et sa puissance ; mais il doit fonder sa nouvelle constitution sur les principes immuables de l'ordre et de la justice. C'est sur cette base immortelle que reposent la splendeur des empires et le bonheur des nations.

Les finances de l'état étoient épuisées ; des ministres déprédateurs, des courtisans sans foi et sans pudeur, épuisoient le trésor public, et s'engraissoient impunément de la substance du peuple. Cependant il falloit soutenir cette guerre du Palatinat, que la nation avoit demandée à grands cris. Charles convoqua le parlement et lui demanda des subsides qu'il n'osa point refuser, parce que cette guerre intéressoit l'honneur et la gloire britannique ; mais les sommes que les communes accordèrent furent insuffisantes pour équiper une flotte et lever une armée.

Les communes se plaignirent de l'administration du comte de Buckingham ; ce ministre fut dénoncé comme l'ennemi de la nation, et le protecteur du catholicisme : déjà la persécution aiguisoit ses poignards et désignoit les victimes qu'il falloit immoler sur les autels du fanatisme. Charles, pour prévenir ces scènes sanglantes qui se préparoient, prononça la dissolution du parlement. En vertu des lettres du sceau privé, il emprunta quelque argent ; c'est ainsi qu'il parvint à équiper une flotte qui fut destinée à attaquer l'Espagne ; mais la peste porta ses dévastations dans l'armée navale : on accusa le roi d'avoir contribué au malheur de cette expédition.

Cependant le besoin des finances devenoit plus pressant. Charles fut forcé de convoquer un nouveau parlement ; dirigé par les mêmes principes et par les mêmes passions, il suivit le système ancien de restreindre le pouvoir royal, et de s'opposer aux mesures du gouvernement. Il accorda des subsides ; mais il délibéra que le produit n'en seroit versé dans le trésor public qu'à la fin de la session. Les communes vouloient forcer le roi à sacrifier quelques prérogatives royales, au desir d'obtenir l'anticipation du paiement des subsides : ce système étoit bien propre à fomenter les haines, à nourrir les factions et à détruire cette heureuse harmonie qui doit subsister entre le pouvoir législatif et la puissance exécutrice, pour donner au corps social ce principe de vie et d'activité dont il a besoin pour le succès des opérations et des mesures politiques.

Buckingham continuoit à diriger l'administration des affaires publiques ; mais il fallut immoler ce défenseur intrépide des droits de l'autorité royale. Les communes le dénoncèrent une seconde fois comme traître à la patrie, et coupable de prévarication. Le parlement, si jaloux de maintenir les formes de la liberté civile, déclara que le procès de ce ministre pourroit être instruit et jugé sur les rapports publics. Il faut punir les crimes ; il faut que le magistrat inflexible soit toujours armé du glaive de la loi pour frapper les traîtres et les conspirateurs ; mais dans ce ministère de rigueur qu'il exerce, il faut qu'il observe les formes de la loi, et qu'il en investisse l'accusé pour proclamer l'innocence ou pour punir le coupable. Tout état qui viole ce principe fondamental de la législation, de l'ordre et de la justice, sera déchiré par ces factions qui préparent les malheurs et les crimes de l'anarchie. Ce fut un spectacle odieux de voir ce parlement violer impunément ces droits sacrés de la justice, qu'il préconisoit avec tant de solemnité, et détruire ces formes antiques et protectrices qu'une sage législation avoit consacrées pour assurer la punition des crimes et proclamer le triomphe de l'innocence persécutée. Le peuple anglais étoit bien malheureux ; il gémissoit sous le despotisme de ses rois et sous la tyrannie des parlemens. Pour s'affranchir de tous ces maux et fermer les sources des calamités publiques, il falloit abattre tous les pouvoirs et établir, sur leurs débris, la souveraineté et l'indépendance nationale ; il falloit proclamer un nouveau pacte-social, fondé sur les véritables principes du gouvernement représentatif.

Charles ordonna au parlement de suspendre les poursuites de l'accusation, dirigées contre son ministre. Il lui déclara qu'il avoit le droit et le pouvoir de changer la forme du gouvernement. Il fit emprisonner Diggs et Elliot, qui avoient rédigé les articles de l'accusation. Charles n'avoit pas le droit de changer la constitution de l'état, ni de faire arrêter les membres du parlement qui avoient dénoncé un ministre prévaricateur. Ce prince n'ignoroit point qu'il existoit des chartres qui protégeoient la liberté des citoyens, et fixoient les bornes des prérogatives royales. L'emprisonnement d'un membre de la cité, sans observer les formes de la loi, est un attentat contre la justice, et une violation coupable du pacte - social : Charles portoit ses regards sur les règnes de Henri VIII et d'Elisabeth ; ces princes, de la famille de Tudor, ·oient exercé l'autorité absolue : la nation n'avoit point réclamé contre cette tyrannie. A peine sortie des horreurs de la guerre civille, fatiguée d'une longue et sanglante révolution, elle avoit oublié ses lois, sa constitution, sa liberté ; elle ne sentoit point les fers de l'esclavage, et se prosternoit tranquillement aux pieds de ses tyrans et de ses oppresseurs. Charles pensoit que les princes de la race de Stuard devoient jouir des mêmes droits et exercer la même autorité ; mais rien ne peut consacrer les crimes de la tyrannie et de l'usurpation. Les droits des peuples sont sacrés et imprescriptibles ; ils ne varient point au gré des révolutions ; ils surnagent à travers les siècles.

Les sciences en agrandissant les idées, avoient opéré en Angleterre une révolution dans les principes de la politique et dans l'art de la législation. Les arts faisoient des progrès rapides ; la navigation multiplioit ses prodiges et ouvroit de nouvelles sources de richesses. Les voyages étoient devenus fréquens et agréables ; le système de la politique s'étoit comme étendu, et formoit un plus grand cercle. La naissance de l'Amérique avoit hâté la maturité de l'Europe ; la communication entre les peuples ouvroit une porte à l'industrie et aux lumières. Le luxe diminuoit la férocité des mœurs, les principes du contrat - social étoient connus, et cette maxime sacrée que tous les pouvoirs appartiennent aux peuples, et que ceux qui exercent en leur nom la puissance souveraine ne sont que leurs mandataires et leurs sujets, étoit proclamée dans les annales politiques et gravée dans tous les cœurs. Le clergé avoit perdu la plus grande partie de ses revenus, et trembloit pour son existence ;

les nobles, énervés par le rafinement du luxe, dissipoient ces antiques héritages, dont l'immense étendue servoit à entretenir leur orgueil, et à perpétuer leur tyrannie. L'étude des constitutions d'Athènes et de Sparte avoient insensiblement donné de la consistance aux idées d'ordre et de justice, produites par le sentiment de l'oppression ; et l'Angleterre, délivrée des chaînes de la féodalité et de la domination sacerdotale, commençoit à sentir sa force et à s'éclairrer sur ses vrais intérêts. Charles ne vit pas ce travail de l'esprit humain, incapable de pénétrer dans ces causes secrètes qui préparent par des gradations lentes, mais sûres, ces révolutions qui ébranlent les empires, il n'en prévit pas les effets; il s'étoit formé lui-même un système de gouvernement absolu: il sembloit vouloir combattre les efforts du génie et les travaux de la nature. Rien ne pouvoit changer, ni intervertir, ni retarder ce nouvel ordre de choses qui se préparoit dans le silence. Depuis plusieurs siècles, l'esprit humain étoit, pour ainsi dire, dans l'enfantement de grandes vérités qu'il devoit répandre pour instruire et consoler les peuples. Il étoit dans la méditation ; et c'est dans ce silence, si long et si auguste, qu'il préparoit

ses travaux et ses conquêtes : il étoit tems
que la nature, par ses dons et ses bienfaits,
répara ses erreurs et ses caprices.

Les subsides accordés n'avoient pas été
perçus ; Charles fut encore forcé de recourir
à la voie des emprunts. Il rendit une loi de
tolérance en faveur des catholiques ; imposa
des taxes arbitraires, et accorda des priviléges exclusifs qui devinrent l'objet d'un tra-
fic infâme. Un tribunal vendu publiquement
à la cour, connu sous le nom imposant de
chambre étoilée, infligeoit des peines flétris-
santes et des amendes ruineuses.

Les communes protestèrent contre l'édit An 1629.
des emprunts, qui ne pouvoit être exécuté
sans leur sanction ; tandis que Charles pu-
nissoit ceux qui lui contestoient ce droit :
le parlement proscrivoit ces écrivains, qui
consacroient dans leurs ouvrages les principes de l'autorité absolue. Cette lutte perpétuelle entre les deux pouvoirs vint fortifier
la haine des deux partis, donna plus d'énergie
à l'esprit républicain, et contribua à agrandir les idées sur l'étendue de la liberté publique ; cependant l'état extérieur de l'Angleterre présentoit le tableau consolant de
la paix, et de la prospérité ; l'Europe étoit
alors divisée entre les maisons rivales de

Bourbon et d'Autriche, dont les intérêts opposés, et leur mutuelle jalousie assuroient la tranquillité des Anglais. Il y avoit tant d'égalité dans les forces de ces deux puissances, observe Hume, qu'on ne devoit craindre aucun événement qui pût renverser tout d'un coup entre elles la balance du pouvoir. Le monarque Espagnol, qu'on jugeoit alors le plus puissant, étoit le plus éloigné, et, pour cette raison, la politique exigeoit que l'Angleterre s'unit avec la France. Les états dispersés de l'Espagne donnoient beaucoup de prise au pouvoir naval de l'Angleterre, et tenoient cette puissance dans une continuelle dépendance. La France, plus compacte et plus vigoureuse, faisoit des progrès dans la science de la politique et de la discipline, et disputoit l'égalité de pouvoir à la maison d'Autriche; mais ces progrès, lents et mesurés, laissoient encore à l'Angleterre le pouvoir et les moyens d'arrêter sa supériorité par une prompte opposition. Ainsi, Charles, en entretenant l'union et en évitant des divisions, pouvoit se faire respecter de toutes les puissances de l'Europe, et devenir l'arbitre de leurs différends; mais ce roi méconnut les bornes de son autorité, et viola les lois constitutionnelles de l'état. Il fit emprisonner quelques citoyens qui censuroient avec amertume son administration. Ils appelèrent du prince à la loi; les chartres furent consultées : les droits de l'autorité royale ainsi discutés par ceux mêmes qui avoient intérêt de les combattre et de les affoiblir, on jugea que Charles en avoient franchi les limites; les prisonniers obtinrent leur liberté.

Ce fut dans cet état d'inquiétude et de fermentation, que Charles, dirigé par les conseils de Buckingham, cherchoit à rompre le traité qu'il avoit fait avec Louis XIII , et à déclarer la guerre à la France. Richelieu méditoit alors de vastes projets ; la puissance de ce ministre étoit destructive ; les armes dans ses mains se portoient toujours à la violence : ce ne fut que sur des monceaux de cadavres qui ensanglantoient ses pas, ce ne fut que par tous les degrés de la cruauté qu'il se fraya le chemin des grandeurs suprêmes. Richelieu, occupé à remplir l'Europe des bruits de sa gloire et de son nom , vouloit humilier la puissance redoutable de la maison d'Autriche, et détruire la noblesse du royaume, pour affermir et étendre l'autorité royale. Buckingham, qui n'avoit ni le génie , ni les talens politi-

ques de Richelieu, devint jaloux de sa renommée et de son pouvoir. Plusieurs historiens ont donné un autre motif à la conduite de Buckingham, ils l'attribuent à une
intrigue de galanterie dont les détails in-
certains et frivoles sont indignes de la gravité de l'histoire.

Le duc de Soubise et le duc de Rohan,
son frère, chefs des protestans, sollicitèrent
l'alliance de Charles pour secourir et protéger les religionnaires opprimés : il sembloit, au premier coup-d'œil, que l'intérêt
de Charles exigeoit qu'il fit une utile diversion par des préparatifs militaires ; cependant il étoit impolitique d'attacher le peuple
à la cause dont le prétexte fut alors saisi par
le ministre anglais : on soupçonnoit Charles
de protéger les catholiques, ce soupçon étoit
trop répandu pour se flatter de le détruire,
du moins il avoit attaché les non-conformistes à l'autorité royale. La guerre contre
la France sembla diminuer leur zèle, et détruire leurs espérances ; les presbytériens
anglais pouvoient se réunir aux protestans
français ; alors Charles ne devoit plus compter sur la France qui, peut-être, lui eût pro-
curé les moyens de résister à ses ennemis ;
cependant la guerre contre cette puissance

fut résolue ; Buckingham fut nommé général de l'armée ; il partit pour assiéger le fort Saint-Martin , mais le comte de Schombert le força de lever le siége , et le vainquit. La nation blâma Charles d'avoir confié le commandement de l'armée à un général sans expérience et sans valeur ; le roi vouloit continuer cette guerre injuste , mais il avoit besoin de subsides , et, pour les obtenir, il convoqua un troisième parlement. La ressource des emprunts étoit épuisée ; ce système financier , que l'intérêt public et la cause sacrée des mœurs réprouvoient également , devoit nécessairement détruire la confiance publique et le crédit national.

Le parlement apporta dans ses délibérations cette prudence tranquille , et ces combinaisons réfléchies qui assurent aux entreprises leur exécution et leur succès ; Charles déclara qu'il avoit besoin de subsides , et qu'il sauroit punir ces hommes factieux qui ne faisoient entendre leur voix que pour exciter le peuple à la révolte. Les communes écoutèrent sans tumulte ces menaces imprudentes ; elles ne se permirent aucune plainte ni aucun murmure ; les passions se reposèrent pour éclater avec plus de fureur ; ce silence profond étoit le précurseur d'une tempête

violente qui devoit bouleverser le corps social et briser le vaisseau de l'état. Les communes déposèrent dans leurs annales la déclaration de leur doctrine politique, et celle
des droits du peuple ; elles annoncèrent solemnellement qu'elles ne prétendoient point
usurper l'autorité royale ; demandèrent le
maintien des priviléges de la nation contenus
dans les articles les plus essentiels de la
grande chartre ; exigèrent la suppression
des prêts forcés et des impôts perçus sans le
consentement du parlement, et protestèrent
contre les emprisonnemens arbitraires, et
contre la loi martiale. Cette déclaration étoit
conforme aux véritables principes de la constitution ; elle étoit bien propre à rassurer le
monarque contre les factions et les complots
de ses ennemis; mais c'étoit une vaine spéculation théorique, puisque le parlement ne
cessa de violer cette doctrine qu'il publioit
pompeusement. Il y a en politique, comme
en religion, une hypocrisie adroite dont se
sert l'ambition pour parvenir au succès de ses
entreprises.

An 1651. Les communes demandèrent à Charles la
confirmation de la grande chartre, et lui in-
diquèrent assez clairement qu'en cas de refus
elles se disposoient à reprendre les pour-

suites de l'accusation dirigée contre Buckingham ; Charles redoutant de perdre son ministre chéri, le défenseur ardent de son autorité, approuva et promit d'observer cette grande chartre si précieuse à la nation. Cette promesse produisit une révolution momentanée dans les opinions, et paroissoit devenir un signe de réconciliation ; le peuple sembloit oublier les erreurs et le despotisme du roi pour ne s'entretenir que de sa sagesse et de ses vertus. Dans son enthousiasme aveugle, il parloit de l'excellence du gouvernement monarchique ; il regardoit l'autorité royale comme la source de la justice, et l'asyle contre l'oppression. Les communes virent, avec un dépit secret, ce changement rapide ; pour détruire une union si désirable, et prévenir les effets d'une heureuse réconciliation, elles publièrent des écrits pour prouver qu'il existoit encore de nouveaux priviléges destinés à affermir les bases de la liberté publique ; elles distribuèrent un manifeste dont l'objet étoit de priver le roi des droits de *tonneau* et de *poid* qui, suivant un usage antique et solemnel, formoit une partie des revenus de la couronne. Charles, prévoyant de nouveaux troubles, prorogea le parlement. Ce fut à cette époque qu'un nommé

Felton , démagogue fanatique , assassina Buckingham ; immobile auprès de sa victime , et sans être effrayé des satellites qui l'environnoient , Felton , les bras ouverts et l'œil serein , offrit sa poitrine aux épées qui le menaçoient : *Oui*, dit-il , *c'est moi qui l'ai frappé ; ma résolution est partie de ma conscience , et mon chapeau , s'il se retrouve , en expliquera le motif.* En effet , lorsqu'on le rapporta , on apperçut dans les replis un papier qu'il y avoit attaché : on crut y lire les noms de ses complices , on n'y trouva que la déclaration des communes ; elle seule avoit armé son bras. Charles employa les plus vives instances pour que les tourmens de la torture arrachassent le secret de l'assassin ; mais les juges déclarèrent que les lois de l'état ne souffroient point cette horrible institution.

Une faction religieuse vint bientôt fortifier l'action du fanatisme politique ; plusieurs sectes agitoient alors l'Angleterre ; celle d'Arminius faisoit des progrès rapides et allarmans pour les puritains. Ces sectaires recommandoient aux peuples d'obéir et de défendre l'autorité royale ; cette doctrine leur avoit mérité la protection de Charles , mais elle les rendoit doublement odieux aux puritains, qui annonçoient, avec autant de fanatisme que de scandale, la chimère de l'égalité absolue parmi les hommes ; cette tige, dont les rameaux étoient immenses, fixoit déjà les regards et l'admiration des peuples. Parmi ces sectaires, on distinguoit les puritains politiques, qui publioient avec enthousiasme les principes de la liberté publique ; les puritains de discipline, qui rejettoient l'épiscopat, les fêtes et les cérémonies de l'église romaine, et les puritains de doctrine, qui défendoient le système spéculatif des premiers réformateurs. Il est essentiel de faire connoître les principes et les crimes de cette secte féroce, qui renversa la constitution, corrompit les mœurs publiques, pervertit les conceptions, outragea la justice et l'humanité, livra le peuple anglais aux fureurs de l'anarchie, aux attentats de la superstition, et aux forfaits des guerres civiles !

Sous le règne odieux de Marie, les anglais opprimés quittèrent leur patrie pour aller chercher, dans des régions étrangères, la paix et le bonheur : ils se réfugièrent dans ces contrées helvétiques, où la doctrine de Calvin avoit détruit l'épiscopat, les dogmes et les cérémonies de l'église romaine. A peine Elisabeth fût-elle montée sur le trône britannique, que les Anglais émigrés se hâtèrent de rentrer en Angleterre ; ils apportèrent leurs préventions et leur haîne contre l'épiscopat : ils annoncèrent que leur doctrine, émanée du ciel même, étoit la seule religion propre à rendre le peuple libre, heureux et puissant. Ces maximes fructifièrent bientôt ; les nobles, dans l'espoir de réunir à leurs fiefs et à leurs domaines, les riches possessions des évêques, se déclarèrent les défenseurs de ces sectaires, qu'on appela *puritains*, parce qu'ils vouloient, disoient-ils, purifier le culte religieux. Ces puritains commencèrent de rejeter l'usage des ornemens sacerdotaux, de l'anneau dans le mariage, de la génuflexion ; ensuite ils voulurent supprimer la confirmation et le signe de la croix ; Elisabeth força ces novateurs à reconnoître les décisions du synode tenu à Londres en 1562, et à se soumettre à la jurisdiction épiscopale. Alors ces sectaires se divisèrent en deux classes ; les rigides observateurs conservèrent leur doctrine dans toute sa pureté, dévouèrent au mépris la lithurgie anglicane, formèrent une corporation, et convoquèrent des assemblées qu'on nomma des *conventicules*. Les modérés , sans renoncer à leur opinion , bornoient leur zèle à faire des remontrances : on distribua des libelles contre la police intérieure des églises du royaume ; Elisabeth fit publier le statut de l'uniformité des prières publiques , et imposa des peines contre les sectaires ; mais la même hardiesse qui portoit ces enthousiastes à déterminer ainsi de leur propre autorité , la nature du culte religieux , influoit également sur leurs opinions politiques.

Secouer le joug tyrannique de l'église et de l'état , c'étoit la loi , c'étoit la foi du puritanisme ; s'inscrire parmi les fidèles qui devoient employer le glaive de Gédéon , c'étoit sa devise , son but , son point de ralliement ; cette secte vouloit introduire la chimère de l'égalité , qui , comme l'observe Raynal , est la plus dangereuse de toutes dans une société policée ; prêcher ce système au peuple , ce n'est point lui rappeler ses droits , c'est l'inviter à l'anarchie , au meurtre , au pillage ; c'est déchaîner les animaux domestiques , et les changer en bêtes féroces. Il n'y a dans la nature qu'une égalité de droit , et jamais une inégalité de fait ; les sauvages même ne sont pas égaux dès qu'ils sont rassemblés en hordes ; ils ne le sont que lorsqu'ils errent dans les bois , et alors celui qui se laisse prendre sa chasse , n'est pas légal de celui qui l'emporte.

Elisabeth s'opposa aux progrès d'une secte dont les principes étoient contraires à l'ordre social , et à la législation des peuples ; elle humilia , et punit ces novateurs qui vouloient établir , sur les débris de la constitution , une funeste oligarchie. Cependant , malgré sa prudence et sa fermeté , Elisabeth parvint difficilement à contenir cette secte factieuse dans les bornes de l'obéissance et du devoir. On regrette que cette princesse n'ait point profité de cet ascendant victorieux qu'elle exerçoit sur les esprits et sur les volontés pour détruire ces sectaires qui devinrent si audacieux et si redoutables sous des rois foibles et imprudens. Pour la première fois , Elisabeth oublia l'art de cette politique savante et profonde , qui , s'étendant dans l'avenir , prévoit et enchaîne ces révolutions qui bouleversent les empires , changent le génie et le caractère des peuples, et ouvrent les sources de la discorde , des factions et de guerres. Un gouvernement juste et ferme doit s'environner de la force militaire pour s'opposer aux déchiremens du corps politique , pour réprimer et punir ces

démagogues forcenés, ces patriotes hypocrites, ces agitateurs sombres, et ces intri-
gans corrompus qui, sous prétexte de défendre, la liberté publique, et de s'opposer
à l'abus du pouvoir, pervertissent l'esprit
public, séduisent les peuples, sèment sous
leurs pas la confusion, les soupçons, les forfaits; érigent en système et en devoir la
calomnie, la licence, la rébellion, le meurtre;
brisent avec violence tous les liens du pacte
social, et voudroient, pour satisfaire leur
inquiétude et leurs passions, voir l'état sans
cesse déchiré par les factions; et s'applau-
dissent, dans leur joie barbare, en contemplant des monumens mutilés et épars,
des ruines et des tombeaux. Dieu a créé
l'univers, et les hommes veulent le détruire !

Jacques Ier. en montant sur le trône britannique avoit adopté le goût bisare et ex-
travagant de Henri VIII pour cette doctrine
des sciences spéculatives, qu'on nomme
controverse, et qui ne sert qu'à nous donner des idées fausses et puériles de Dieu et
de la religion. Jacques étoit grand théolo-
gien et sublime argumentateur, plus propre
à être chef d'une université, qu'à gouverner
un empire : ce prince vouloit convaincre par
son éloquence les puritains, et les ramener

par la force de la dialectique aux lumières
de la raison et aux principes de la justice ;
la vanité cherchoit à combattre l'erreur, et
l'orgueil vouloit rétablir l'empire de la vérité. Jacques parut plus fier, dit un historien, d'avoir écrit contre Bellaramin et Du-
péron, qu'un conquérant ne l'auroit été de
ses victoires : ce prince s'engagea dans des
conférences avec les puritains ; mais il ne
consulta, dans cette lutte scandaleuse, que la
bizarerie de son goût, et ne suivit que l'extravagance de ses systêmes : entrer publiquement en lice avec ces sectaires, c'étoit
leur donner une nouvelle audace, et avilir
sa dignité. Il ne faut point raisonner avec
les chefs des fanatiques, il faut prendre la
foudre, les combattre et les exterminer ;
l'intérêt de l'état, le salut du peuple, les
droits du pacte social, tout exige cette rigou-
reuse, mais nécessaire, justice. Jacques ne
prévit rien ; cet esprit vain et superficiel ne
pouvoit point découvrir les causes et détruire
les effets d'une révolution qui devenoit inévitable par ses extravagances et ses caprices.
Il apporta dans les conférences la gravité
d'un docteur, opposa des prélats éclairés à
quelques ignobles prédicans ; dégrada son
autorité, et prépara, par l'oubli de ses de-

voirs, les malheurs et les crimes d'une guerre civile, le supplice de son fils et le renversement de la constitution.

Le puritanisme persécuté par Elisabeth et par Jacques Ier. multiplia, sous le règne de Charles, ses prosélytes et ses défenseurs; il infecta de sa doctrine plusieurs membres du parlement; il anéantit toutes les douceurs et tous les amusemens de la vie; il augmenta tous les vices avec la corruption du cœur: à peine les maladies du corps en étoient exceptées, dit Hume, il étoit devenu nécessaire aux médecins d'être experts dans la profession spirituelle, pour adoucir, par des considérations théologiques, les religieuses terreurs dont les malades étoient obsédés; le savoir même, qui a tant de force pour agrandir l'ame et pour humaniser le naturel, servit à donner un nouveau degré d'exaltation à cette frénésie épidémique.

Les communes déclarèrent les catholiques et les arméniens ennemis de la nation, et oppresseurs de la religion anglicane; elles accusèrent Laud, évêque de Londres, d'hérésie et de superstition, et défendirent à tous les marchands de payer le droit de *poid* et de *mesure*, dont le produit étoit destiné en partie à l'entretien de la marine. Charles

fut encore forcé de prononcer la dissolution
de ce parlement infecté des maximes du puritanisme : ce fut à cette époque que la Ro-
chelle, défendue par les protestans, et secou-
rue par les Anglais, fut conquise par Louis
XIII ; c'est auprès de cette ville que Richelieu vit expirer, sous ses pieds triomphans,
toutes les puissances conjurées de l'Europe.

Cette dissolution précipitée excita les
plaintes et les murmures ; on annonça que
Charles étoit un tyran qui, pour établir son
despotisme, vouloit anéantir les droits du
peuple, et renverser la constitution de l'état.
Le roi brava ce cri général qui s'élevoit
contre son administration : il voyoit que le
puritanisme tendoit à renverser le trône ;
pour prévenir cette révolution qui se préparoit dans le silence, Charles s'occupoit, de
concert avec Laud, de détruire cette secte
dangereuse, et de rétablir l'épiscopat : il
éleva plusieurs évêques aux premières dignités du gouvernement, et leur conféra la plupart des charges qui donnoient une grande
influence dans les résolutions publiques. Ces
ambitieux prélats, devenus comme les maîtres d'un prince qui avoit la foiblesse de se
conduire par les inspirations d'autrui, mon-
trèrent l'ambition si naturelle au clergé,

d'élever la jurisdiction ecclésiastique à l'ombre de la prérogative royale. On les vit multiplier à l'infini les cérémonies de l'église, sous prétexte qu'elles étoient d'institution apostolique, et recourir, pour les faire observer, aux actes de l'autorité arbitraire du prince. Le dessein paroissoit formé de rétablir dans tout son éclat ce que les protestans appeloient l'idolâtrie romaine, dût-on employer, pour y réussir, les voies les plus violentes. Ce projet causoit d'autant plus d'ombrage, qu'il étoit soutenu par les préjugés d'une reine ambitieuse, qui avoit apporté de France une passion immodérée pour le pouvoir absolu et pour le catholicisme.

La chambre étoilée, instituée dans son origine pour juger les affaires ecclésiastiques, vouloit étendre sa jurisdiction sur l'administration civile. Dans un tems d'anarchie, tous les pouvoirs sont confondus ; le tribunal de la haute chambre persécutoit les presbytériens : la multitude renouvela ses murmures et ses imprécations ; cependant les clameurs excitées par les puritains n'eussent point vraisemblablement porté atteinte à l'autorité du roi que consolidoit chaque jour la fermeté de son administration : il paroît même que la partie la plus éclairée de la nation, fati-

guée de ces dissentions intestines qui épuisoient le corps social, formoit des vœux sin-
cères pour le retour de l'ordre et de l'affer-
missement de la constitution, et improuvoit
la conduite du parlement. Mais l'horizon
politique s'obcurcissoit de plus sombres
nuages; il se préparoit en Ecosse cette sanglante révolution qui anéantit la constitution, renversa la monarchie, et livra Charles
au glaive du bourreau.

Charles avoit formé le projet d'introduire
en Ecosse la discipline et le gouvernement
de l'église anglicane : cette contrée, le centre
du fanatisme et de la licence, étoit un théâtre
de meurtre et de désolation ; on ne voyoit
que des esclaves et des tyrans : l'autorité étoit
partagée entre le prince et les grands. Cette
aristocratie s'appesantissoit sur le peuple.
Le puritanisme qui combattoit sans cesse
l'autorité des rois, pour établir sur ses débris
une oligarchie sanguinaire, préparoit ses
poignards, et désignoit ses victimes pour les
immoler à sa férocité. L'épiscopat fut anéanti,
et les consistoires s'emparèrent de la jurisdiction et du pouvoir ecclésiastique. Jacques
assis sur le trône d'Ecosse, n'eut ni la force,
ni le talent, ni la politique de réprimer l'audace de ces novateurs. Mais appelé au trône

britannique, ce prince résolut d'abattre le schisme, et de rétablir l'épiscopat ; il publia la lithurgie anglicane, et ordonna à tous ses sujets de la reconnoitre, et d'y obéir sous peine d'être poursuivi par le fer et par le feu. Cet ordre féroce réveilla le fanatisme et excita la haîne des réformateurs écossais ; le signal de l'insurrection fut arboré : la lithurgie fut dénoncée comme l'ouvrage de la réprobation divine ; elle fut déclarée impie et blasphématoire. Jacques employa tour-à-tour la force, la séduction, les menaces, les promesses pour enchainer la rage des sectaires. Ce prince parvint enfin à faire adopter sa nouvelle loi ecclésiastique.

Cependant la réforme faisoit des progrès rapides en Ecosse : l'épiscopat au lieu d'instruire et d'édifier, allumoit des bûchers et dressoit des échafauds. Cette tyrannie multiplia les sectaires au milieu des tortures et des supplices, et la persécution ne servoit qu'à exciter leur zèle et à fomenter la superstition qui les tourmentoit. Bientôt le peuple écossais abandonna la lithurgie anglicane, et en brisa tous les monumens ; la jurisdiction épiscopale fut abolie, et les prérogatives de la prélature passèrent aux consistoires et aux synodes nationaux. Cette nation incons-

tante agissoit sans principe et sans morale ;
elle étoit l'instrument et la victime des caprices, de l'ambition et de l'inquiétude de
ses chefs : mais enfin, fatiguée d'une lutte
perpétuelle qui épuisoit ses forces et la livroit
à tous les excès de l'anarchie et du crime, elle
écouta la voix des défenseurs des lois, des
amis de la justice et de la paix. Une nouvelle
révolution vint opérer un nouvel ordre de
choses ; l'épiscopat reprit l'exercice de ses
droits, de ses prérogatives, de sa jurisdiction. Les prélats, par intérêt ou par ambition,
contenoient la licence de ces prédicateurs
factieux, qui prêchoient dans les temples
l'anarchie et la révolte. Ils se réunirent pour
exhorter le peuple à la concorde ; mais cette
réunion juste et respectable excita toutes les
passions des sectaires ; le fanatisme enchaîné
rompit ses fers, et entraîna dans sa marche
violente, la licence, la confusion et les crimes.
La lithurgie anglicane fut dévouée à la ma-
lédiction publique, et livrée aux flammes ;
les évêques furent dénoncés comme les apôtres du despotisme et les ennemis du peuple :
plusieurs périrent sur des échafauds.

Charles avoit appris de son père que l'église
nationale, avec sa doctrine, sa discipline et
ses rits, étoit essentiellement unie à l'état,

et que ces deux objets devoient former les
bases du gouvernement civil et de l'administration religieuse ; ce systême et ce principe
égarèrent ce prince sur l'origine, l'exercice
et les limites de son autorité, et l'entraînè-
rent à des actes oppressifs et tyranniques ; il
multiplia les taxes, favorisa les déprédations
et les monopoles. Les tribunaux, composés
de magistrats prévaricateurs, prononçoient
des confiscations et des amendes contre ceux
qui refusoient de payer les tributs créés par
sa propre autorité. Plusieurs familles quittèrent la Grande-Bretagne pour chercher un
asyle dans les colonies de l'Amérique. Le
corps politique s'agitoit violemment : les lois
avoient perdu leur force et leur vertu. Au
milieu de cette anarchie, les sectaires profitèrent des erreurs et des foiblesses du monarque, pour proclamer leurs maximes dangereuses : on ne vit alors dans le pouvoir du
roi qu'une autorité qu'il falloit anéantir. La
nation se plaignit de la violation de ses droits,
et accusa la tyrannie ecclésiastique de se
réunir au despotisme civil pour opprimer la
liberté publique. Les écrivains stipendiés par
les sectaires annonçoient dans leurs ouvrages
que le pouvoir accordé aux prélats étoit
l'effet d'un pacte tacite entre la couronne et

la thiare pontificale , tendant au rétablissement du culte romain. Le peuple quittoit ses
ateliers pour lire ces ouvrages qui , en lui
prescrivant l'exercice de ses droits, alimentoient sa curiosité , et excitoient ses passions.
Bientôt la démence se réunit au fanatisme,
et la persécution au ridicule. On crut flétrir
les évêques et les couvrir d'un opprobre éternel , en les appelant *papistes*. Cette dénomination insensée et puérile réveilloit les
crimes et devenoit le signal de l'oppression
et du carnage.

Ce fut dans ces momens d'agitation et
d'inquiétude que Laud , cet ennemi ardent
des puritains , fut élevé à la dignité d'archevêque de Contorbéry. Cet homme impé-
rieux et turbulent , vouloit établir un même
despotisme dans l'église et dans l'état ; fier
de ses dignités et de la protection du roi , il
poursuivoit avec acharnement les puritains ,
qui cherchoient à détruire son crédit et sa
puissance. Sans vouloir que l'Angleterre fût
soumise au siége de Rome , il aspiroit à devenir patriarche de trois royaumes : l'établissement de l'épiscopat en Ecosse pouvoit le
conduire à cet état de grandeur. Charles ,
accompagné de Laud, se rendit en Ecosse
pour introduire dans cette contrée la liturgie

anglicane : les calvinistes avoient formé une ligue redoutable pour la détruire ; Charles ordonna aux évêques de la publier dans les églises de leurs diocèses : on demanda que le roi fit quelques modifications ; les évêques d'Ecosse furent chargés de travailler à un nouveau code religieux, mais on conserva les principaux articles qui étoient favorables à l'épiscopat et contraires au puritanisme. Cette fatale lithurgie fut reçue avec des clameurs et des imprécations. Le doyen de la cathédrale d'Edimbourg la proclama au peuple assemblé ; aussi-tôt on s'écria : *Voilà le pape, lapidons-le.* On le poursuivit avec le fer ; ce prêtre trouva son salut dans la fuite ; la multitude se livra à des excès qui menaçoient la ville d'une destruction entière. Jacques avoit défendu cette lithurgie par des argumens, Charles vouloit la soutenir par des armes. Cette légère étincelle, qui se fut éteinte d'elle-même, devint rapidement un incendie générale ; ce ne fut plus une in-surrection partielle, ce fut la confédération solemnelle d'une nation entière qui jura de maintenir sa doctrine religieuse, et d'exter-miner ses tyrans et ses oppresseurs. On éta-blit d'abord un conseil particulier et provi-soirement souverain, destiné à concerter les moyens pour parvenir à rompre cette alliance qui unissoit le peuple à son chef, et à détruire le pouvoir épiscopal. Hamilton, ami et confident de Charles, fut chargé de dissiper cette confédération, et de rétablir l'ordre et la tranquillité publique. Les Ecossais convoquèrent une assemblée générale, mais la discorde continuoit à fomenter les haînes, et le fanatisme aiguisoit ses poignards. Hamilton dissout cette assemblée qui brava la force et l'autorité de ce chef; elle continua ses délibérations. Le conseil cassa par un acte solemnel, appelé *convenant*, l'épiscopat, la haute-commission, les articles de Perch et les canons ecclésiastiques, excommunia quatorze évêques, et révoqua le serment de ceux qui avoient juré les articles de foi prescrits par la liturgie anglicane. Charles, témoin de cet acte de vigueur, trembla sur son trône, et demanda la paix. Les Ecossais, soutenus par les puritains d'Angleterre, ne virent dans cette démarche de pacification que la preuve de la crainte, de la foiblesse et de l'impuissance : ils levèrent une armée dont le commandement fut confié au général Lesley.

C'est de l'Ecosse que partira peut-être un jour ce signal terrible d'insurrection qui appellera à la vengeance tous les citoyens pour détruire le gouvernement anglais. Cetté nation se rappelle avec frémissement ces tems de carnage et de destruction , où des conquérans ont renversé ses cités et ses monumens , ont égorgé ses ancêtres et les ont livrés à toutes les horreurs de l'esclavage et de la misère. Elle vengera un jour ses malheurs et son oppression : il faut que les mânes des victimes soient satisfaits ; c'est en immolant sur leurs tombeaux leurs assassins , que ces mânes seront appaisés. Que pourront des esclaves traînant avec effort les chaînes qui les oppriment, contre un peuple fier, courageux , qui , armé de la foudre , veut conquérir sa liberté et punir ses tyrans !

Charles par son économie avoit presque rétabli ses finances épuisées ; il eût pu employer ses trésors à détruire toutes ces sectes qui bouleversoient l'état , et à affermir son trône ; mais ce prince fut obligé de les sacrifier pour soutenir une guerre civile , et pour défendre cette fatale lithurgie , plus propre à fomenter le fanatisme qu'à éclairer les consciences. Charles leva une armée dont il donna le commandement à Hamilton. Ce général marcha vers les frontières de l'Ecosse : les insurgés intimidés à son approche, proposèrent des conditions de paix qui furent acceptées. Charles licencia son armée : les Écossais enhardis par cet acte de foiblesse et de fausse politique, rompirent le traité, et répandirent par tout la dévastation et la mort. Charles convoqua le parlement pour lui demander des subsides : ces redoutables communes furent dirigées par ces hommes hardis et factieux, que le roi avoit dénoncés à la rigueur et à la vengeance des lois. Les communes écoutèrent Charles sans lui répondre ; elles se hâtèrent de passer à l'examen de son administration pendant les huit années qu'il avoit exercé sans partage les droits de la souveraineté. Le roi s'adressa à la chambre des pairs : les grands du royaume, intéressés à étendre le pouvoir royal, pour en obtenir des honneurs et des dignités, usurpèrent l'autorité, et violèrent la constitution, en décidant que les subsides devoient être accordés. Les communes déclarèrent ce décret illégal et inconstitutionnel, et contestèrent à la chambre des pairs le droit de voter dans les affaires concernant les impôts. Charles se hâta de dissoudre le parlement ; cette dissolution précipitée devint le signal d'une insurrection : on commença à crier à Londres, comme à Edimbourg : *Point d'évêques, point de supôts du pape, point d'ante-christ.*

Cependant il falloit soumettre les insurgés ; Charles parvint à lever une armée. Déjà les Ecossais s'avançoient vers les frontières d'Angleterre : ils s'emparèrent de quelques places, et livrèrent un combat où les royalistes furent vaincus. La nation demanda alors à grands cris l'élection d'un nouveau parlement : il falloit céder à ce vœu général. Ce long parlement, dont l'historien ne doit raconter les usurpations et les crimes que pour le flétrir d'un opprobre éternel, et le dévouer à l'exécration des siècles, fut convoqué. Les communes ne consacrèrent point leur tems à entrer dans le détail des abus de l'administration, elles déclarèrent que tout avoit été abus, et établirent un comité pour examiner les mœurs et la doctrine du clergé. Ces législateurs, ambitieux et hypocrites, s'érigèrent en prophêtes, en pontifes, en réformateurs, et ne parlèrent plus qu'un jargon métaphorique et spirituel. Ces fanatiques voulurent associer la divinité à leurs passions et à leurs crimes ; ils annoncèrent que Dieu, dans ses décrets éternels, les avoit choisis pour détruire le gouvernement civil, et la hiérarchie ecclésiastique ; et qu'ils alloient, au nom du ciel, exercer ce sublime et auguste pontificat. Le peuple

superstitieux écouta dans le silence de l'admiration et du respect, ces oracles imposteurs, et regarda ces législateurs et ces pontifes comme les organes de la divinité, et les
pères de la patrie.

Il est inconcevable avec quelle rapidité la
balance du pouvoir passa du monarque au
parlement. Le sénat-législateur s'empara
tout-à-coup des droits de la souveraineté et
réunit ces pouvoirs fixés par la constitution.
Alors le pacte politique fut dissous : cette
alliance solemnelle, qui unissoit les deux
pouvoirs suprêmes, fut effacée du code de
la loi et des archives nationales. Cette subversion de la constitution et des principes
du contrat social enfanta tous les crimes de
l'anarchie, et toutes les fureurs des passions. Alors on ne connut d'autre droit que
la force, d'autre titre que l'usurpation : on
profana la justice, on outragea les lois, on
viola les propriétés et les asyles : la tyrannie
et l'inquisition appesantirent un joug de fer,
et on vit, de cette source impure, sortir une
législation capricieuse et féroce. L'espionage
et les délations désignèrent les victimes qu'il
falloit immoler. La séparation des pouvoirs
fait la force et la splendeur de l'empire : ce
sont ces limites sacrées qu'il faut respecter,

parce qu'elles ont été posées pour le maintien de l'ordre et la sûreté de tous les citoyens ; si on les franchit, l'édifice social s'écroule, tout devient désordre et anarchie, l'usurpation succède au droit légitime, l'exercice des lois est suspendu. De la confusion des pouvoirs naissent la tyrannie des chefs et la servitude des peuples. C'est sans doute un spectacle bien consolant de voir les efforts que fait une nation pour briser ses fers, et pour rentrer dans l'exercice de sa souveraineté et de son indépendance. Ce tableau de la liberté victorieuse et du despotisme vaincu, ranime, console et réjouit l'ami de l'humanité. C'est alors que la nature paroît brillante de splendeur et de beauté ; qu'elle verse ses bienfaits, et féconde la terre. Mais qu'elle est sa douleur lorsqu'il fixe ses regards sur une multitude féroce et superstitieuse qui, au milieu de la licence et des attentats, se précipite dans la servitude et dans la misère en croyant défendre ses droits, et combattre pour son indépendance. Alors son ame s'attriste, et il gémit dans la retraite sur les erreurs, les maux et les crimes du genre humain.

Les communes supprimèrent la jurisdiction ecclésiastique, dépouillèrent le clergé de ses fonctions sacerdotales , déclarèrent abusive l'autorité des gouverneurs et des lieutenans des comtés ; les officiers et les fermiers des douanes furent destitués ; plusieurs magistrats , soupçonnés d'attachement à l'ancienne constitution, furent condamnés à des exils , **et** à des amendes : on créa des comités généraux, de commerce , de législation , de finance ; on organisa des sociétés particulières chargées d'examiner les abus du gouvernement. Les communes déclarèrent que chaque droit de la couronne étoit une usurpation, chaque prérogative royale une violation du pacte social , chaque décret du conseil un acte d'oppression. Les jugemens du comité ecclésiastique furent cruels et ridicules : on persécuta le clergé ; on lui reprocha de baisser la tête au nom de Jésus, de faire lire l'ordonnance du roi qui permettoit quelque divertissement au peuple le jour du dimanche ; on proscrivit les catholiques , parce qu'ils avoient pris la défense de Charles contre les convenantaires de l'Ecosse ; on affecta de publier qu'ils avoient formé une conspiration contre l'état ; on força la reine de France , veuve de Henri IV , à sortir de l'Angleterre où elle avoit cherché un asyle contre l'oppression de Richelieu.

Les communes s'occupèrent à fortifier leur An 1638.
parti, en protégeant et en défendant ces
hommes que la justice avoit puni pour avoir
combattu l'autorité royale et dénoncé les
ministres : on déclara leur exil illégal et injuste. Ces citoyens rentrèrent à Londres aux
cris de l'allégresse publique ; le peuple, des
palmes à la main, les reçut comme des
dieux tutélaires ; les rues furent parsemées
de fleurs, et, pour prix de leur fermeté, ils
reçurent des éloges, des récompenses et des
bienfaits. Charles, anéanti sous le poid de
l'infortune, perdit tout espoir ; il se livra à
ses destinées, et son ame tomba dans cette
langueur qui annonce la foiblesse du caractère et l'inertie de l'ame. Les communes surent mettre à profit cet abatte-
ment et ce désespoir ; elles méditèrent la
mort de Laud et de Straford ; ils furent
accusés de trahison, et constitués prisonniers. Le garde-des-sceaux fut forcé de se
retirer en Hollande ; les évêques eussent
été exclus de siéger au parlement, sans l'opposition des pairs, qui rejetèrent le bill qui
avoit prononcé leur exclusion. Des novateurs
hardis, des démagogues audacieux se présentoient pour être les fondateurs d'une
nouvelle constitution, on distinguoit *Hamp-*

den, dont l'ambition étoit soutenue par l'hypocrisie, le courage et la prudence ; *Pym*, qui, au milieu des glaces de la vieillesse, conservoit la vigueur de l'ame, l'audace du génie, et la force des passions ; *Saint Jean* citoyen ardent, sombre, dangereux ; *Hollis*, impétueux, violent, sincère dans ses amitiés comme dans ses haînes ; *Vanne*, dirigé par cette enthousiasme qui, dans ses excès et ses fureurs, enfante des miracles. Parmi la noblesse, on voyoit le comte de Northumberland, grand-amiral, homme fier et dangereux ; le comte d'Essex, qui réunissoit la valeur du guerrier à la rigidite d'un stoïcien ; le comte de Manchester, puissant par ses alliances et par ses richesses. Ces hommes, qui croyoient acquérir un grand nom et une grande célébrité au milieu du bouleversement de leur patrie, se réunirent pour renverser la constitution, l'épiscopat, et pour établir, sur leurs débris, le gouvernement oligarchique, et la doctrine insensée du puritanisme. Bientôt l'incendie fit des progrès rapides ; on ne parla que de liberté et de vengeance. Les prédicans puritains montèrent en chaire, et firent retentir les voûtes du sanctuaire d'imprécations contre le roi, et des blasphêmes contre les évêques. On distribuoit sur les places publiques des libelles diffammatoires, et l'éloquence prostituoit sa voix pour outrager la sainteté des lois, et pour exciter le peuple à une insurrection générale. Au milieu de cette désorganisation du pacte social, tout étoit passion, attentat, révolte ; toutes les semences de la raison étoient altérées ; tous les principes de la morale étoient corrompus.

Les communes poursuivoient la mort de Straford : la cour redoutant ses talens, son crédit et son génie, l'avoit enlevé au parti de l'opposition ; il devint le plus intrépide défenseur de l'autorité royale, qu'il avoit d'abord combattue avec ce courage et cette énergie qui avoient fixé sur lui les regards et l'admiration de l'Angleterre. Ce ministre fut dénoncé comme un ennemi du peuple qu'il falloit immoler à la sûreté publique. Straford, dit un historien, fut attaqué avec tout le poids de l'autorité, toute la véhémence de la rhétorique, et toute l'exactitude d'une longue préparation. Ce ministre, fort de sa vertu et de sa conscience, se justifia avec autant de noblesse que de vérité. Il falloit une victime pour arrêter la vengeance de ces sectaires qui ne pouvoient parvenir au succès de leurs projets, qu'en faisant périr ces

An 1641.

hommes fidèles et courageux, qui pouvoient défendre la constitution et les lois ; Straford fut condamné à périr sur un échafaud. Charles versa des larmes sur le malheur de son ministre, et refusa de sanctionner l'arrêt de mort. La multitude demanda avec les cris de la fureur que le sang de l'innocent fut versé. Charles n'eut ni l'adresse ni la force de résister aux menaces de quelques séditieux dont il pouvoit punir ou séduire les chefs. Après les plus douloureuses agitations, ce prince confirma le jugement de mort. Straford ayant appris que le roi avoit nommé quatre commissaires pour signer l'arrêt de mort, se leva de son siége avec des marques de surprise et d'horreur ; fixa ses regards vers le ciel, et mettant sa main sur sa poitrine, il s'écria : *Ne vous fiez jamais aux princes ni aux enfans des hommes, car il n'y a pas de sûreté.*

Tous les historiens s'accordent à dire que cette foiblesse, ou plutôt cette lâcheté, prépara les désastres et les infortunes de Charles. Straford marcha à l'échafaud avec cette dignité et ce courage qu'inspirent l'innocence et la vertu. Son ame se défendit dans toute sa fermeté contre la terreur de la mort, et le triomphe insultant de ses ennemis.

Les puritains persécutoient les catholiques d'Irlande : l'oppression inspire la férocité du courage et la fureur du désespoir ; les catholiques prirent les armes, et massacrèrent les Anglais. La haine antique du peuple de cette île contre les Bretons n'étoit pas éteinte ; il supportoit le joug avec impatience : les troubles de l'Angleterre le rassuroient sur la crainte d'une vengeance prompte. Un plus puissant motif l'animoit encore ; il voyoit la destruction du catholicisme, s'il devenoit sujet d'un parlement ou dominoient les puritains. Ce moment lui parut marqué pour s'en délivrer à jamais : la conspiration, conduite avec le plus grand secret, fut exécutée avec une barbarie qui ne peut se trouver que chez une nation à-la-fois sauvage et superstitieuse. Quarante mille Anglais furent massacrés ; on ne se contentoit point de les égorger ; la religion toujours féroce, lorsqu'elle n'est pas éclairée, faisoit inventer les tortures les plus cruelles. Qui ne frémiroit au récit d'assassinats médités par les sujets du même prince, exécutés au nom d'un dieu de paix et de clémence, conçus au sein d'une religion sainte et douce dans sa morale ! Le fanatisme excité par la persécution, est terrible dans sa vengeance : il a produit l'assassinat de Danois, les vêpres siciliennes, le massacre de la saint Barthélemy, et le meurtre d'Irlande. En méditant de verser le sang humain, le fanatique croit obéir à la voix du ciel; sa conscience ne lui laisse aucun remord, et cet état de paix le conduit à la férocité. C'est en frappant les victimes, c'est en contemplant leurs entrailles palpitantes et leurs membres sanglans, qu'il croit voir le ciel ouvert prêt à le couronner des palmes du martyr.

Charles, sans autorité et sans armées, fut obligé de charger le parlément du soin de punir les coupables et de rétablir l'ordre dans l'Irlande. Le pouvoir exécutif étoit sans force et sans vertu; mais ce prince malheureux ne pouvoit faire un pas qui ne lui fût funeste. Les chefs de la confédération publièrent que les catholiques irlandais étoient stipendiés par la cour d'Angleterre, qu'ils avoient pris les armes et massacré les Anglais, par les conseils et les ordres du roi et de ses ministres, pour faire régner ce prince sur les os brisés des impies puritains. Les communes offrirent de pacifier l'Irlande; elles permirent la perception des impôts et en gardèrent le produit, destiné à soutenir la guerre qu'elles vouloient déclarer à Charles. Elles s'emparèrent des armes et des munitions qui étoient

dans les arsenaux; nommèrent les généraux et les officiers qui devoient commander
les armées; publièrent un bill, portant que
le parlement ne pouvoit être dissous, ni prorogé, ni ajourné sans le consentement des
deux chambres; supprimèrent cette chambre
étoilée, chargée de faire exécuter les ordon-
nances du roi, et concertèrent ensuite les
moyens d'engager Charles dans quelque acte
d'imprudence et d'erreur, qui pût justifier
leur perfidie et leur usurparion.

Charles, depuis son retour d'Ecosse, s'é-
toit retiré à Hamptoncourt; les communes
lui envoyèrent une députation, chargée de
lui présenter une adresse où l'on lui reprochoit les abus de son administration : on regardoit ses efforts, pour rétablir l'ordre public et pour enchaîner les factions, comme
un acte de despotisme et d'oppression, et
ses réformes ecclésiastiques, comme des innovations superstitieuses : on l'accusoit d'exciter le fanatisme et de fomenter la guerre
civile. Cependant la nation fit éclater ses
plaintes et ses murmures ; on vit, dans ce
manifeste séditieux, la haine et la vengeance.
Déguisées sous le nom de patriotisme, méditant, par une lâche hypocrisie, la ruine des
lois et de la constitution, en parlant de dé-

fendre la liberté et les droits du peuple. Les pairs, regardant l'abaissement de la noblesse comme une conséquence des usurpations sur la couronne, se préparoient à défendre l'autorité royale ; mais les communes leurs déclarèrent qu'elles seules représentoient la nation, et que les pairs, sans caractère et sans mission, n'avoient pas le droit d'exercer la souveraineté nationale. Cet esprit d'indépendance illimitée et de puritanisme, avoit infecté quelques membres de la chambre haute; ils se réunirent aux autres chefs de la confédération dans l'espoir de régler ou d'arrêter le cours de l'insurrection.

Les évêques, jaloux de défendre l'autorité royale, pour conserver leur pouvoir, furent opprimés; ils étoient poursuivis dans les rues et attaqués dans leurs maisons. Ils déclarèrent qu'ils ne pouvoient plus occuper leurs siéges, ni exercer leurs fonctions et protestèrent contre ces actes de violence qui détruisoient les lois protectrices de la liberté. Ces prélats furent dénoncés comme coupables de haute-trahison ; ils furent arrêtés et constitués prisonniers. Charles commit une dernière imprudence, qui décida de ses destinées. Il se rendit à la chambre des pairs, où il accusa de révolte et de trahison cinq membres des communes, auxquels il imputa des crimes, dont toute la chambre étoit complice. Le lendemain il donna les ordres pour faire arrêter les cinq membres dénoncés ; mais ils s'étoient refugiés dans la cité, où déjà ils avoient jeté l'alarme. Le peuple prit les armes, et jura de vivre de ou mourir pour la défense de ses priviléges. Le roi offrit un pardon général. Les communes ne redoutèrent plus un prince foible, tremblant, sans énergie et sans caractère ; elles demandèrent que Charles livrât à la vengeance des lois les conseillers perfides qui l'avoient trompé. Elles proscrivirent Edouard Hébert, procureur-général, Digby, qui avoit succédé à la faveur et au crédit de Straford, fut forcé du prendre la fuite. Les communes qui savoient mettre à profit les erreurs et les foibloisses du roi, comprirent qu'il étoit tems d'exécuter leurs vastes projets ; elles ordonnèrent aux citoyens de prendre les armes ; nommèrent un major-général de la milice bourgeoise, et firent disposer du canon sur la Tamise. Ces préparatifs militaires effrayèrent le roi ; il quitta Londres, et se retira dans un de ses châteaux, abandonnant les rênes de l'administration au hasard, et ses destinées à la Providence. Cette fuite précipitée et imprudente, en attestant les craintes de Charles, donna plus d'activité à l'audace des communes; elles s'emparèrent de tous les magasins royaux, envoyèrent un gouverneur dans Hulk, confièrent à sa garde une grande quantité d'armes et de munitions qu'elles mirent en sûreté dans cette place forte; ordonnèrent au gouverneur de Portsmouth de ne point obéir aux ordres du roi, et de ne reconnoître d'autre autorité que celle du parlement; donnèrent le gouvernement de la tour de Londres à un jeune membre des communes, connu par sa fermeté et son ambition; forcèrent Charles à publier une proclamation pour que l'armée n'obéit qu'aux ordres seuls des communes, et exigèrent impérieusement que le roi renvoyât ses ministres et exclût les catholiques.

An 1646. Charles partit pour York; il se présenta devant Hulk, et demanda à entrer dans cette forteresse; le gouverneur Hobham refusa de lui en ouvrir les portes. Le roi se plaignit de cette désobéissance; les communes répondirent que Hobham avoit rempli ses devoirs en exécutant les ordres qui lui avoient été donnés. Cinq membres de la chambre des pairs se rendirent auprès de Charles; la malheureuse Henriette s'étoit réfugiée en

Hollande, où elle avoit vendu ses bijoux et ceux de la couronne. La haute-noblesse, celle du second ordre qui étoit la plus riche, craignant de se voir confondue avec le vulgaire, embrassa le parti du monarque, dont elle recevoit ce lustre emprunté qu'elle lui rend toujours par une servitude volontaire et venale. Comme ces nobles possédoient encore, la plupart, de grandes terres, ils attachèrent à leur cause presque tous les peuples des campagnes ; Londres, et les villes considérables à qui le gouvernement municipal donne un esprit républicain, se déclarèrent pour le parlement, entraînant avec elles les commerçans qui, ne s'estimant pas moins que ceux de la Hollande, aspiroient à la liberté de cette démocratie. Du sein de ces dissentions sortit la guerre civile la plus vive, la plus sanglante, la plus opiniâtre dont l'histoire ait conservé le souvenir ; jamais le caractère anglais ne s'étoit développé d'une manière aussi terrible ; chaque jour éclatoit de nouvelles fureurs qu'on croyoit poussées aux derniers excès, et qui étoient effacées par d'autres encore plus atroces : il sembloit que la nation touchoit à son dernier terme, et que tout Breton avoit juré de s'ensevelir sous les ruines de la patrie.

Charles ordonna que les cours de justice fussent transférées à York ; les communes s'y opposèrent : elles publièrent un manifeste pour demander que le roi licencia l'armée, qu'il abolit la monarchie et l'épiscopat. Charles déploya l'étendard royal, il annonça qu'il prenoit les armes pour défendre son autorité, pour maintenir la constitution de l'état, pour protéger les droits du peuple et pour punir les rebelles. Ce prince proclama une loi qui déclara le parlement coupable de trahison, et défendit à ses sujets d'y obéir. Le parlement déclara cette loi contraire au serment royal, tendant à la dissolution du gouvernement, et déclara traître à la patrie ceux qui combattroient pour défendre la cause du roi. Les guerres civiles prennent ordinairement leur source dans la tyrannie et dans l'anarchie ; un pouvoir illimité et une liberté sans frein doivent avoir une même suite. Le magistrat ne voit que des séditieux dans un peuple qui, de son côté, ne voit qu'un usurpateur. La raison est un instrument trop foible pour régler des prétentions si opposées : on remet la décision des droits à l'épée, et celui qui a les meilleures armes, se trouve avoir la meilleure cause.

L'armée de Charles étoit si foible et si inférieure aux troupes parlementaires, commandées par le comte d'Essex, qu'il fut forcé à demander la paix. Les députés du roi furent reçus avec mépris : cet état d'humiliation parut donner un instant à l'ame de Charles une nouvelle énergie ; mais les princes sans caractère ne sont point faits pour conserver cette grandeur et cet héroïsme qui n'appartiennent qu'à des êtres doués par la nature de la force du corps, de la vigueur de l'esprit, dominés par des passions grandes et nobles, entraînés par ces grands mouvemens qui créent ces moyens puissans, propres à renverser les obstacles qui s'opposent à l'exécution de vastes entreprises. Charles se vit à la tête de dix mille hommes ; il poursuivit Essex et l'attaqua : ce combat n'eut rien de décisif. Cette première campagne se passa presque en préparatifs et en négociations. Le roi s'empara de Bumburg et de Rending, et s'avança vers Londres ; ces conquêtes et cette marche rapide jettèrent l'épouvante dans le parlement : il demanda à son tour la paix. Charles continua ses opérations militaires. Le prince de Rupert attaqua Brenfort, place forte, et l'emporta d'assaut. Le roi publia ensuite un manifeste pour annoncer qu'il ne vouloit point répandre le sang de son

peuple, et qu'il étoit prêt à écouter les propositions du parlement. Il fixa à Oxfords le
lieu des conférences : il écouta avec douceur
les députés qui lui furent envoyés; en discuta
les articles proposés avec une habileté profonde, et prouva l'impossibilité où il étoit
de les accepter. L'article que ce prince rejet-
toit avec indignation, étoit l'abolition de
l'épiscopat, sur lequel les puritains insistoient
avec force. Il paroît que si, en attendant
des circonstances plus heureuses et des tems
plus tranquilles, le roi eût voulu consentir
provisoirement à cette suppression, il eût
peut-être évité une guerre civile, et conservé
son trône et sa vie. Charles ne montra dans
cette occasion ni prudence, ni politique; il
ne devoit point opposer une résistance inutile
et dangereuse à une insurrection générale.
Des circonstances impérieuses le forcèrent à
des sacrifices qui pouvoient le faire rentrer
dans l'exercice de ses droits, rétablir les
bases du pouvoir, et ramasser les parties
éparses de la monarchie, pour lui donner
un nouvel éclat. Il falloit, pour opérer cette
utile révolution, le talent de la politique, la
fermeté du génie, la grandeur du caractère,
et la ferme résolution de défendre et de maintenir ces lois fondamentales qui protégeoient

les droits du peuple et la liberté publique ;
il falloit l'autorité douce et salutaire, et ôter
à la nation le besoin d'une nouvelle insurrection ; mais Charles, dans l'égarement de sa
raison, préféra la conservation de l'épiscopat au maintien de son autorité, au bonheur
de son peuple, et aux avantages de la paix :
étrange fascination, déplorable aveuglement
qui devinrent une source de malheurs et de
crimes. Il semble que la fortune, lorsqu'elle
a une fois marqué une victime, prenne soin
de l'aveugler, pour la conduire plus sûrement
au lieu de son sacrifice.

Pendant le cours des négociations, Fairfax, pour le parlement, et Neucaste, pour le
roi, soulevoient les provinces du nord ; toutes
les parties de l'empire étoient ébranlées par
de violentes secousses. Les motions des pro-
pagateurs de l'anarchie, les machinations
des agitateurs du peuple, les libelles licen-
cieux, fomentoient les haines et alimentoient
les passions ; la guerre civile étendoit ses
fureurs, et les glaives des bourreaux immo-
loient chaque jours des victimes. Jamais
l'Angleterre ne fut inondée de tant de sang,
ni souillée de plus de forfaits : chaque pro-
vince, chaque ville, divisées par des intérêts divers, et agitées par des passions diffé-

rentes, combattoient dans leurs enceintes même. Les royalistes commençoient d'imprimer la terreur dans le parlement : ils avoient remporté trois victoires. Le prince Rupert faisoit triompher la cause du roi : il forma le siége de Briestol, et la prit d'assaut. La perte de cette seconde place du royaume jetta dans Londres une consternation si profonde, que si Charles eût marché vers cette capitale, la guerre étoit terminée ; mais ce prince s'occupa à assiéger Glocester, dont la conquête devoit le rendre maître de toute la Saverne. Cette ville étoit remplie des puritains ; ces sectaires firent une défense si désespérée, qu'ils donnérent à Essex le tems de venir à leur secours avec une armée considérable. Charles fut obligé de lever le siège de cette ville : il partit pour Londres.

On ne conçoit pas, dit Hume, d'exemple d'une armée aussi singulière que celle qui se trouvoit alors assemblée pour le parlement. La plupart des régimens étoient sans ministres : c'étoient les officiers même qui exerçoient le devoir spirituel, et qui le réunissoient dans leurs fonctions militaires ; dans tous les intervalles de l'action, ils étoient occupés des sermons, des prières et d'exhortation, avec la même émulation qui est si nécessaire dans les armes pour soutenir l'honneur de cette profession ; les transports et les extases tenoient lieu d'étude et de réflexion, et lorsque ces dévots orateurs s'abandonnoient à leur imagination dans une harangue qu'ils n'avoient point méditée, surpris eux-mêmes de leur éloquence, comme tous les auditeurs, ils la prenoient pour une illumination divine, et pour une émanation de l'esprit saint ; ils excluoient les ministres de la chaire ; ils expliquoient leurs sentimens à l'assemblée avec une autorité proportionnée à leur pouvoir, à leur valeur, à leurs exploits militaires, dont l'idée s'unissoit à ces apparences de ferveur et de zèle. Les soldats, saisis du même esprit, employoient leurs heures à la prière, à la lecture de la bible, à des conférences spirituelles, où ils comparoient les progrès de la grace dans leurs ames, et s'excitoient mutuellement avec courage dans les pénibles routes du salut ; lorsqu'ils alloient au combat, on entendoit un mélange de pseaumes et des cantiques spirituels, conformes aux circonstances, et chacun s'efforçoit d'éloigner le sentiment du danger, dans la perspective de cette couronne de gloire qu'on présentoit à ses yeux, dans une cause si sainte les blessures étoient jugées méritoires, la mort un martyr : le tumulte de l'action, loin de bannir ces pieuses chimères, en rendoit l'impression plus profonde. Jamais la nature humaine n'a paru sous une forme si remarquable, et jamais l'imagination humaine ne s'est avancée avec des élans plus vigoureux et plus irréguliers vers ces mystérieuses régions que la religion nous fait entrevoir.

Les communes accusèrent la reine de haute trahison : elles présentèrent le bill d'accusation à la chambre des pairs ; quelques membres du parlement donnèrent leur démission. C'est précisément à cette époque que l'on entendit parler pour la première fois de Cromwel : il se distingua dans un combat où sa valeur et sa prudence fixèrent les regards et l'attention du parlement. Dans un tems où la guerre civile multiplie les crimes et les calamités, la nature, qui est terrible dans ses bouleversemens, se plaît à former des hommes vigoureux et féroces qu'elle destine à agiter les empires, et à enchaîner les peuples. Ce fut aussi dans ce même tems que les communes firent un traité avec les Ecossais, qui promirent de fournir une armée commandée par le comte de

Leven. Il fut stipulé, dans ce traité, que le comité des Ecossais auroit toujours séance avec celui de Westminster. Charles, pour contrebalancer ce surcroît de puissance et de force, traita avec les Irlandais, qui promirent de donner quelques troupes.

Quoique les forces fussent égales de part et d'autre, Charles devoit nécessairement succomber, parce qu'il n'avoit pas, comme le parlement, des trésors avec lesquels on multiplie les armées ; ses ennemis étoient dirigés par une double superstition qui, plus forte que le patriotisme, opère des prodiges. L'homme qui pense combattre pour défendre sa liberté et sa religion, brave les dangers et la mort : il croit, en expirant, recevoir les éloges de la patrie, les bénédictions du ciel et la palme du martyr. Les membres des deux chambres, qui avoient pris la défense de Charles, s'étoient retirés auprès de ce prince, et formoient, à Oxfords, un anti-parlement dont la chambre des pairs étoit deux fois plus nombreuse que celle de Londres. La chambre des communes se trouvoit dans une proportion contraire : la noblesse ne devoit point aimer la démocratie, parce que, dans ce système de gouvernement, les grands n'ont aucun pouvoir, ni aucune influence dans l'administration publique.

Tel étoit l'état des choses, lorsque les hostilités recommencèrent : les troupes irlandaises, commandées par Biron, furent taillées en pièces par Fairfax, qui s'empara de quelques places importantes. Les Ecossais, réunis aux troupes parlementaires, formèrent trois armées considérables. Cromwel commandoit l'élite de ces troupes; il livra la bataille à Rupert, et le vainquit. Neucaste, plus occupé de ses plaisirs que de la gloire de son prince, abandonna Charles, et se retira dans une contrée étrangère. Les insurgés prirent York, et assiégèrent Oxfords où étoit le roi. Nouvel Omar, Cromwel ajouta dans Oxfords, aux pertes d'Alexandrie, les manuscrits dont l'archevêque de Contorbéri avoit enrichi la bibliotèque de cette université, furent brûlés par ses ordres, et ses soldats en les livrant aux flammes, crioient avec les transports de la fureur, qu'ils réduisoient le papisme en cendres. Charles se sauva à la faveur des ténèbres, et arriva avec le prince de Galles à Vorcestre. La reine chercha un asyle dans le pays de Cornouailles, et s'embarqua pour la France. Charles marcha contre le comte d'Essex, l'attaqua, remporta la victoire, et s'empara de l'artillerie et des munitions. Malgré cette défaite et cette perte immense, les communes délibérèrent de

rendre des actions de grace au comte d'Essex.
Bientôt après, elles reprirent le procès de
Laud, archevêque de Cantorbéri ; il fut
condamné à mort. Ce prélat sur l'échafaud
fit oublier ses erreurs et cette sombre ambition qui l'avoit tourmenté si long-tems ; il
présenta le spectacle attendrissant du malheur persécuté. Laud pardonna à ses juges
et bénit ses bourreaux.

L'histoire du règne de Charles présente
tant d'événemens bizarres, que l'écrivain
est quelquefois forcé d'interrompre les récits
historiques, pour expliquer des circonstances
et des mots qui, sans ce développement,
deviendroient inintelligibles et répandroient
l'obscurité et la confusion sur les détails les
plus curieux et les plus instructifs. Quoique
cette guerre civile fût excitée et fomentée par
le parlement, contre l'autorité royale, elle
étoit cependant regardée comme une guerre
de religion. La terre vouloit rendre le ciel
complice de ses passions et de ses crimes.
Le fanatisme religieux vint renforcer la superstition civile, pour renverser la constitution de l'état, et pour détruire la lithurgie anglicane. D'un autre côté, les réformés, tels
qu'ils avoient été sous le règne d'Elisabeth,
formoient le parti du roi ; les puritains ou les

presbytériens rigides, formoient celui du parlement. Cette secte, comme nous l'avons déjà observé, vouloit supprimer les cérémonies religieuses, abolir l'épiscopat et les jurisdictions ecclésiastiques. Parmi ces puritains même, il se trouvoit une classe de fanatiques qui, portant bien plus loin la rage de la réforme, vouloient anéantir l'autorité civile et le pouvoir ecclésiastique; ils furent désignés sous la dénomination des *indépendans*, et prirent le nom d'élus et de saints. Ces sectaires parvinrent à séduire et à égarer une multitude toujours avide d'innovations, en lui annonçant qu'ils étoient les envoyés et les prophêtes de la divinité, pour annoblir la religion et purifier son culte. Cette multitude écouta avec respect ces apôtres imposteurs; bientôt cette secte forma un corps puissant et redoutable, sous la direction de Cromwel qui, semblable à Mahomet, tenoit la bible d'une main et le poignard de l'autre. Cette dernière confédération, bien plus dangereuse que la première, et portée à des extrémités plus terribles par l'activité du fanatisme de son chef, rendit bientôt son parti dominant dans le parlement, et força les membres des deux chambres à abdiquer les emplois civils et militaires dont ils étoient revêtus , sous prétexte de la honte dont ils se couvroient en exerçant des fonctions lucratives. Aussitôt les généraux et les officiers commandans ayant été rappelés , Fairfax et Cromwel se trouvèrent à la tête des armées. Fairfax unissoit au courage la sensibilité du cœur ; mais esclave des erreurs et des préjugés de son pays, il régloit ses principes politiques sur les circonstances et les événemens. En prenant les armes pour renverser la monarchie , il croyoit établir la liberté publique , et obéir à la voix du ciel. Il ne voyoit point que sur les débris du despotisme royal, il s'éleveroit une autre tyrannie aussi oppressive. Fairfax auroit servi utilement la patrie et l'humanité, s'il eût pris les armes et combattu pour faire rentrer le peuple dans l'exercice de sa souveraineté , et fermer la source des calamités publiques.

Tandis que des étranges innovations étonnoient et subjugoient l'Angleterre , le parti presbytérien et le parti royaliste ne cessoient de négocier; des commissaires de paix étoient continuellement occupés à trouver des moyens de conciliation pour conserver l'intégrité du pouvoir monarchique et les droits du peuple. Mais la faction des indépendans , toujours active , faisoit des coupables efforts pour

rompre les négociations, et employoient la
fraude et l'imposture pour tromper et séduire
le peuple ; elle lui inspira tout le feu de son
fanatisme, lui communiqua toutes ses fureurs et lui inocula tous ses poisons : il fallut
donc continuer la guerre. Après quelques
sièges entrepris de part et d'autre, après
quelques actions livrées avec différens succès, les armées en vinrent à une bataille générale : l'histoire offre peu de combats où la
victoire ait été disputée avec un courage plus
égal. Charles fit des prodiges de valeur, et
développa tout l'art d'un général consommé ;
mais il fut vaincu par Cromwel. Le roi perdit son artillerie, ses bagages et ses papiers
secrets. L'armée victorieuse parcourut les
villes et les provinces, et les força à reconnoître l'autorité du parlement. Pendant que
la guerre civile déchiroit l'empire, une troisième faction, nommée l'association *du club*,
ravageoit les provinces d'occident. Ces sectaires vouloient conserver leur indépendance
naturelle, et refusoient d'obéir à la nation,
au roi et au parlement ; Cromwel les combattit et les dispersa. Il retourna ensuite à
Londres gémir, sous un masque hypocrite,
sur les maux qui affligeoient sa patrie.

Charles, après avoir long-tems erré au gré

des hasards , pénétra dans Oxfords ; là , il recevoit à chaque instant la nouvelle d'une ville prise , ou d'une bataille perdue. Montrose qui avoit, au nom du roi , subjugué toute l'Ecosse, venoit d'être vaincu ; Fairfax , après avoir taillé en pièces les troupes commandées par Hopton , s'approchoit d'Oxfords. Charles voyoit ses armées détruites , sa famille dispersée, ses amis et ses défenseurs expirans sur des échafauds ou dans les combats ; cependant ce prince supportoit ses malheurs et ses revers avec autant de courage que de dignité ; il se livra quelque tems à de tristes et profondes réflexions , et ne sortit de cet état de recueillement et de méditation , que pour se mettre sous la sauve - garde des Ecossais. Charles sortit d'Oxford , accompagné de deux confidens , se rendit dans le camp de ces perfides protecteurs , qui , sous prétexte de lui donner des gardes pour sa sûreté , le firent prisonnier et se hâtèrent d'en instruire le parlement.

Les puissances de l'Europe virent sans étonnement et sans alarmes , les malheurs et la captivité de Charles. Richelieu étoit occupé à humilier l'Autriche et à détruire le crédit et le pouvoir des seigneurs féodaux ; ce ministre , aussi féroce et aussi tyran que Cromwel, applaudissoit peut-être à son audace et approuvoit en secret les crimes de cet usurpateur. Si Richelieu fut né en Angleterre, il eût tenté de faire, par ambition, cette révolution que Cromwel fit par fanatisme. Le ministre français devoit nécessairement admirer le génie du protecteur, et se réjouir de ses succès ; peut-être tourmenté par ces passions, qui impriment de grands mouvemens aux caractères vigoureux, il cherchoit à profiter des foiblesses de Louis XIII, et de l'ascendant qu'il avoit sur l'esprit du monarque pour marcher sur les traces de l'usurpateur du trône britannique. La conduite extraordinaire de Richelieu dans le tems où il vouloît affermir le despotisme royal sur des usurpations et des assassinats, nous semble prouver la vérité de l'opinion que nous exposons ici : elle pourra paroître un paradoxe ou une chimère à ces hommes qui n'observent pas assez le génie et la marche des passions humaines.

An 1647.   Les communes rendirent un décret qui déclara coupable de haute trahison quiconque protégeroit le roi en lui donnant un asyle. Charles envoya des députés pour renouveler ses propositions de paix. Les communes insistèrent à exiger l'abolition de l'épiscopat;

les négociations furent rompues. Ici , s'éleva
une contestation bien odieuse entre l'Ecosse
et l'Angleterre. Il faut observer que les
troupes écossaises étoient purement auxi-
liaires , et à la solde du parlement britannique ; il leur étoit dû des arrérages dont
elles désespéroient d'être jamais payées ,
lorsque la malheureuse destinée de Charles
le mit volontairement au pouvoir des Ecossais ; ils le regardèrent comme un gage ,
comme une sûreté de ces mêmes arrérages.
Les Anglais réclamèrent le prince captif ;
parce qu'il avoit été fait prisonnier en Angleterre ; les Ecossais refusèrent de le livrer
sous prétexte que Charles étoit leur roi, et
qu'ils avoient le droit de le juger ; enfin ,
l'avarice et la bassesse terminèrent cette
lutte scandaleuse. Les Ecossais livrèrent
Charles , et les arrérages furent payés. Ce
prince fut remis à des commissaires nommés
par les communes. Cromwel le fit conduire
dans un fort, où il fut étroitement resserré :
le roi n'étoit encore prisonnier que du parlement , qui ne vouloit point verser son
sang , il demandoit que Charles abolit l'épiscopat , et qu'il jura de maintenir la liberté
et les droits du peuple ; mais ce parlement
étoit bien près de sa destruction , sa disso-

lution devoit préparer de grands et terribles événemens.

Cromwel s'environnoit d'un voile impénétrable à l'œil le plus perçant, et déconcertoit tous ceux qui cherchoient à découvrir ses secrets et à descendre dans sa conscience ; il n'avoit ni confidens ni amis, parce qu'il redoutoit les imprudences des uns, et les trahisons des autres ; il cachoit même à son gendre Ireton, qu'il aimoit beaucoup, ses projets. Cromwel comprit que pour parvenir à séduire et à subjuguer une nation superstitieuse, il falloit se parer de l'éclat de toutes les vertus ; et que pour exécuter ses vastes entreprises, il devoit employer et épuiser toutes les ruses et tous les artifices d'une hypocrise profondément calculée. C'est ainsi que cet habile imposteur sut se rendre maître absolu de l'armée dont il étoit à-la-fois le général, le magistrat et le directeur. Il lui fut facile de tromper Fairfax : ce guerrier avoit la férocité du courage ; mais il ne connoissoit point l'art de l'intrige, ni les méfiances d'un courtisan ambitieux.

Les communes commencèrent à redouter les usurpations et le despotisme de l'armée, qui tentoit déjà d'introduire dans l'état le gouvernement militaire ; elles délibérèrent

de la licencier. Cromwel vit dans cette dé-
termination la chûte de sa puissance ; cependant il sut dissimuler son courroux et enchaîner sa vengeance , en paroissant approuver
ce décret ; mais par des machinations secrètes
il excitoit l'armée à se révolter , sous prétexte
de quelques arrérages qui lui étoient dus.
Cette armée se réunit par un serment fédé-
ratif ; elle devint bientôt une démagogie
militaire , où chaque soldat croyoit avoir le
droit de commander et de créer des lois.
Cette milice de janissaires , le fer à la main,
déclara qu'elle avoit le pouvoir de régler l'administration civile , et de changer la constitution de l'état. Les communes envoyèrent
des députés aux officiers généraux , pour les
inviter à faire cesser ces divisions , propres à
rompre la confiance et l'harmonie nécessaires
entre le corps législatif et l'armée , pour parvenir à détruire le despotisme royal , et à
défendre les droits du peuple. L'armée en-
hardie par cette démarche , dictée par la
crainte et la foiblesse , nomma des commissaires chargés de créer une nouvelle constitution. Cromwel dirigeoit tous ces mouvemens et toutes ces opérations. Les communes
se contentèrent d'opposer un pouvoir moral
à cette force physique , pouvoir qui ne peut

rien sur l'opinion dans un tems d'anarchie et d'usurpation. Elles voulurent licencier l'armée ; elles ordonnèrent à quelques régimens de partir pour l'Irlande. L'armée demanda la dissolution du parlement : ces sénateurs qui vouloient s'ensevelir sous les ruines de la patrie, et qui avoient juré de répandre leur sang pour la défense des lois et pour le maintien de la liberté publique, tremblent ; et ces vils esclaves sont prêts à abandonner lâchement leurs fonctions, et trahissent avec scandale les intérêts du peuple, dans l'espoir de se soustraire à la honte et aux supplices. Voilà donc les indépendans qui méditent la destruction de puritains : plut au ciel que tous ces sectaires féroces se fussent égorgés les uns les autres, et que la paix, la liberté, la souveraineté nationale eussent pu s'affermir sur les ruines de ces deux sectes ennemies de la justice et des droits du peuple. Les presbytériens, soit par ambition, soit par inconstance, soit par jalousie, abandonnèrent leurs anciens principes ; ils se réunirent au conseil commun de Londres, pour défendre l'autorité royale et les priviléges du parlement, et les droits de la nation. Cromwel fit ensuite enlever le roi, et le confia à l'armée.

Le parlement, cette ancienne idole du peuple, étoit devenu l'objet de la haine publique : ce sénat qui reprochoit au roi de faire des emprunts et d'établir des taxes pour opprimer ses sujets, multiplioit ses usurpations et ses actes de despotisme ; il violoit le droit sacré des propriétés, et vendoit à prix d'argent son crédit et sa protection. Cependant, comme dans les grandes cités la multitude ne se conduit que par l'impression qu'elle reçoit de son chef, elle prit les armes ; la milice commandée par le général Mussey se réunit aux insurgés. Les troupes aux ordres du parlement étoient dispersées. Cromwel se trouvoit aux portes de Londres. Cet hardi imposteur annonça qu'il venoit pour protéger le parlement et punir les auteurs de la révolte ; on entra en négociation : l'armée joua exactement avec le parlement le rôle que ce sénat avoit joué avec le roi. Plus les indépendans obtenoient des concessions, plus ils exigeoient de nouveaux sacrifices ; cependant, par une déférence momentanée pour le corps législatif, les *indépendans* s'éloignèrent de la ville, conduisant Charles en captivité. Cromwel, qui n'avoit pas peut-être alors formé le projet de faire périr le roi, étoit attentif à lui rendre ses respects et ses hommages, et laissoit à sa famille et à ses amis la liberté et la consolation de le visiter. Ce farouche vainqueur parut même s'attendrir en voyant cet infortuné monarque caresser ses enfans, et les exhorter à supporter avec fermeté les disgraces du sort. Il proposa qu'on permit à Charles d'exercer quelques fonctions de la puissance royale, et joignant l'ironie à l'outrage, il indiqua de préférence, comme un des plus anciens usages de la monarchie, celui de toucher les écrouelles. Charles fut en effet conduit dans une tante; il y toucha quelques malades qu'attira leur confiance, mais que l'espoir du miracle abusa. Le parlement irrité de ce frivole appareil, le déclara superstitieux, et défendit sous peine de mort, de recourir désormais à un remède imaginaire. On ne sait ce qui nous doit le plus étonner, ou de cette bizare et inutile cérémonie, ou de cette loi de sang qui en prohiboit l'introduction. Cromwel entra ensuite en négociation avec le roi, qui lui offrit de partager l'autorité souveraine : on ne connoit point les causes qui firent rompre cette négociation ; les historiens ne donnent à cet égard que des notions confuses et des conjectures vagues. Qu'il nous soit permis d'exposer notre opinion sur cette partie intéressante de l'histoire.

Cromwel , avant l'époque dont il s'agit, n'avoit formé d'autre projet que de créer une nouvelle constitution et de nouvelles lois ; il vouloit se placer au rang des grands législateurs , et de ces guerriers fameux qui ont étonnés l'univers par leurs conquêtes et leurs triomphes ; il vouloit établir sa renommée, sa grandeur et sa puissance sur ces entreprises vastes , et ces grandes opérations qui étonnent, subjuguent le vulgaire , et fixent ses regards et son admiration ; mais les facultés humaines ont des bornes , et il existe dans la nature, dans les sociétés politiques et dans les empires , des barrières que la force du génie, les fureurs de l'ambition , les talens de la politique , le bonheur des destinées et les ardeurs du fanatisme ne sauroient ni franchir, ni renverser. Il étoit impossible à Cromwel de prévoir cette chaîne de hasards et d'événemens heureux, qui lui assurèrent dans toutes ses entreprises, ces succès qui surpassoient ses espérances. Il ne pouvoit point se flatter de monter sur un trône héréditaire , qu'il falloit conserver par la terreur, et affermir par la tyrannie et par les crimes. Ce fut au moment où Charles devint son captif que l'audace et l'ambition de Cromwel se développèrent dans toutes leurs fureurs et qu'il s'occupa de franchir l'espace qu'il y avoit entre le trône et lui. Ce qui nous confirme dans cette opinion, c'est la certitude où l'on est que le projet de faire périr Charles lui fut suggéré par son gendre Ireton dans un moment où, embarrassé de sa propre puissance, il délibéra, pour la première fois, sur l'usage qu'il en feroit. Pourquoi donc, dira-t-on, si Cromwel n'aspiroit qu'à des grandeurs et à l'exercice du pouvoir souverain, n'accepta-t-il pas les offres que lui faisoit son roi ? Il est facile d'expliquer le motif qui dût diriger la conduite politique de Cromwel : il falloit d'abord rétablir Charles dans la plénitude des droits de son autorité ; concilier des sectes ennemies par principe et par haîne ; détruire le pouvoir du parlement pour le partager ensuite avec le roi. Mais en divisant la souveraineté, Cromwel pouvoit perdre l'amour et la confiance d'un peuple inconstant, factieux et d'une armée fanatique et indisciplinée. Tous les ordres de l'état auroient vu avec scandale et avec effroi un usurpateur à côté d'un roi légitime, et le trône occupé tour-à-tour par un prince vertueux et un scélérat hypocrite. Une nouvelle révolution étoit inévitable. Cromwel eût peut-être expié sur un écha-

faud ses imprudences , son audace , son usurpation et ses crimes. L'histoire moderne ne
nous offre aucun exemple d'une pareille association. L'empire romain dût à une institution semblable ses malheurs et sa dissolution.

Cromwel fit entrer son armée dans Londres ; le parlement n'opposa aucune résistance : Charles fut conduit à Homptoncour
où il fut étroitement gardé. Les négociations
recommencèrent, et les communes renouvelèrent leurs anciennes propositions. Le
roi , qui vouloit traiter directement avec
Cromwel , rejetta les offres suspectes du
parlement ; il s'échappa ensuite secrètement,
accompagné de deux gentilshommes , et se
réfugia dans l'île de Wight , sous la sauve-
garde de Hamond , qu'il croyoit royaliste,
mais il étoit un favori de Cromwel. Hamond
informa le parlement de la retraite de Charles:
les négociations furent reprises ; les conditions préliminaires étoient , 1°. qu'on établi-
roit une milice nationale ; 2°. que les pairs,
créés depuis la guerre , seroient privés du
droit de siéger au parlement ; 3°. que les
deux chambres auroient le droit de s'ajourner
suivant leur bon plaisir ; 4°. que Charles ac-
corderoit une amnistie générale. Les intri-

gues et les factions des indépendans firent rompre ces négociations.

Les Ecossais, livrés à des remords tardifs, prirent les armes pour défendre le roi. Le duc d'Hamilton et le duc d'Osmond proposèrent un traité où Charles s'engagea solemnellement à confirmer le gouvernement presbytérien pendant huit années. Il fut stipulé que les affaires de religion seroient réglées dans des synodes composés des théologiens de deux royaumes. Les Ecossois s'obligèrent à lever une armée pour combattre les ennemis de Charles. Le parlement, instruit de ce traité, ordonna à Hamond de resserrer le roi dans sa prison, et délibéra qu'à l'avenir il ne lui seroit envoyé ni adresse, ni message. Cependant le traité avec les Ecossais vint ranimer l'espoir des royalistes ; les infortunes de Charles commençoient à exciter la pitié publique. Ce changement dans les opinions, cette création rapide d'esprit public, sembloient annoncer un nouvel ordre de choses, toutes les provinces se soulevèrent, mais au lieu de se réunir pour concerter un système suivi d'opérations générales, et de nommer un chef intrépide et éclairé, on ne forma que des armées partielles, et on se jetta dans des entreprises vagues. Des obstacles et des lenteurs découragèrent les uns et intimidèrent les autres ; de sorte que toutes ces petites armées furent dispersées par la valeur et l'activité de Cromwel. Cet heureux usurpateur continua à vaincre et à conquérir : il partit pour combattre les Ecossais. Les royalistes profitèrent de son absence pour fortifier leur parti ; ils firent de nouveaux efforts pour réconcilier le roi avec le parlement, pour rétablir la constitution de l'état, et le règne des lois. Tout sembloit annoncer une heureuse révolution ; Cromwel étoit prêt d'être livré à la justice et à la vengeance des lois ; la monarchie, si long-tems agitée, alloit peut-être se replacer sur ses antiques fondemens ; mais les communes furent si obstinées dans leurs prétentions, le roi si invincible dans son refus à supprimer l'épiscopat, les conférences traînèrent si long-tems en longueur, que l'armée triomphante reparut avant la conclusion du traité.

Cromwel, toujours victorieux et toujours heureux, vit qu'il étoit tems d'affermir sa puissance et de monter sur le trône qu'il vouloit ensanglanter. Son ame calcula et se familiarisa avec le crime ; un attentat de plus ne pouvoit l'effrayer ; il demanda au parle-

ment, au nom de l'armée, qu'on fit le procès au roi, comme le meurtrier et l'oppresseur de son peuple. Les communes, frappées de terreur, refusèrent d'être complice de cet assassinat; mais le farouche tyran ne se déconcerta point, il entra dans Londres, à la tête de son armée, fit arrêter les membres qui avoient refusé d'obéir à ses ordres, les déclara traîtres à la patrie et perturbateurs de l'ordre public; dénonça leur parti comme une ligue coupable qui vouloit perpétuer l'anarchie et la guerre; il s'associa tous ces lâches satellites qui avoient vendu leur conscience à l'usurpateur. Cromwel réunissoit la cruauté d'un tyran à la bassesse d'un infâme hypocrite; il s'écria, dans la chambre des communes: " Hélas! si quelqu'un m'eût
„ communiqué le projet de punir le roi, je
„ l'aurois régardé comme un insigne traître;
„ mais depuis que la Providence et la nécessité vous obligent à cette rigueur, je prie
„ Dieu qu'il vous éclaire; pour moi, je ne
„ me sens pas assez inspiré pour vous conseiller dans cette importante affaire; je la
„ crois juste, et pense que le ciel veut la
„ punition de ce prince : car l'autre jour
„ offrant des vœux ardens au ciel, tout-à-
„ coup ma langue s'attacha à mon palais,

„ ce qui prouve qu'il est maudit du sei-
„ gneur. „

Ce tribunal, composé des satellites de An 1649.
Cromwel, décida qu'un roi d'Angleterre qui
avoit pris les armes contre le parlement,
étoit coupable de révolte et de haute-trahison. On créa une cour de justice chargée de
juger le roi. Ce nouveau tribunal, composé
de soixante-douze membres, fut présidé par
Bradshaw, homme de loi ; Cooke fut nommé
procureur-général de la nation ; Dorislaus,
Steele et Aske, furent nommés assesseurs.
Il accusa Charles Stuard d'avoir formé le
détestable projet de renverser les lois fondamentales de l'état, et de détruire la liberté
nationale, pour y substituer un gouvernement arbitraire et tyrannique ; d'avoir entrepris contre son peuple une guerre sanglante ;
d'avoir épuisé le trésor public et ruiné le
commerce ; enfin d'avoir fait périr un grand
nombre de citoyens, et d'avoir produit une
multitude de maux de toute espèce.

Charles comparut devant ce tribunal, préparé par des conseils secrets, tenus dans la
maison de Cromwel. Ce prince ne voulut point répondre à l'accusation, malgré
les différentes sommations qui lui furent
faites, et protesta contre l'illégalité d'un

tribunal qui n'avoit aucun droit de le juger, et refusa constamment de reconnoître sa jurisdiction. L'avis le plus général étoit de déposer le roi, et de le condamner à une prison perpétuelle, comme Edouard II, en 1326, et Richard II, en 1390; mais Cromwel força ses satellites à prononcer l'arrêt de mort. Bradshaw, président, adressa au roi un discours très-long, et rempli de ci'ations de l'évangile; il suffira d'en rapporter l'esprit et la substance. " Charles Stuard, la cour
„ devant laquelle vous avez été traduit en
„ jugement, remplit en ce moment un de-
„ voir pénible, mais auquel ses fonctions
„ augustes ne lui permettent point de se re-
„ refuser; organe des lois au-dessus des-
„ quelles vous avez cherché criminellement
„ à vous élever, en méconnoissant et leur
„ supériorité sur vous, et celle du peuple
„ sur elles, notre devoir est de leur rendre
„ hommage et de vous rappeler des maximes
„ dont l'oubli est malheureusement le crime
„ trop ordinaire des rois. Ce sont les peuples
„ qui, dans l'origine, ont fixé la forme du
„ gouvernement sous lequel ils voulurent
„ vivre : eux-mêmes ont prescrit à leurs
„ gouvernans la manière dont ils voulurent
„ être gouvernés. En les plaçant à la tête

„ des affaires, ils n'ont abdiqué ni perdu le
„ pouvoir qu'ils leurs avoient confié ; ils se
„ sont réservés celui de réformer les lois,
„ quand les besoins de l'état l'ont rendu né-
„ cessaire, et de destituer leurs gouvernans
„ même, lorsqu'un cri général redemande
„ le dépôt dont ils abusent, et dont ils doi-
„ vent rendre compte. Le roi sans doute est
„ plus grand qu'aucun de ses sujets, mais il
„ est moindre qu'eux tous ensemble : il n'a
„ point d'égal dans son royaume, mais ce
„ n'est que tant qu'il est roi ; et il cesse de
„ l'être, aussitôt que la multitude le trouve
„ indigne de ce titre. Dans la plénitude
„ même de sa puissance, il a Dieu, les lois
„ et les barons au-dessus de lui ; ces derniers
„ ont souvent mis un frein à son autorité.
„ Par-tout et dans tous les tems on a senti
„ la nécessité d'établir entre le peuple et le
„ roi un pouvoir capable de protéger l'un,
„ et de réprimer les attentats de l'autre ;
„ telle fut la fonction du grand juge de *Cor-*
„ *tés,* en Espagne, et des éphores à Lacé-
„ démone. Ainsi les tribuns à Rome faisoient
„ rendre compte aux consuls des abus de
„ leur autorité ; ainsi Louis le débonnaire
„ fut déclaré pour un tems, par les états de
„ son empire, incapable de régner ; ainsi

„ Charles Legros, chassé de son palais, et
„ mis en tutelle par les Saxons, tomba du
„ trône dans l'infortune la plus profonde ;
„ ainsi les grands de France, assemblés à
„ Noyon, donnèrent la couronne aux capets,
„ et méconnurent le sang de Charlemagne
„ dans la race abbâtardie d'un héros ; ainsi
„ votre pays même, l'Ecosse exclut de son
„ trône les deux fils mineurs de Fergusius,
„ son premier roi, pour y placer leur oncle,
„ et dans la suite le second de ses neveux,
„ au préjudice de l'aîné ; ainsi votre grande
„ mère fut rejetée, et votre père encore
„ enfant fut adopté par le peuple. S'il a laissé
„ son cours au droit de naissance dans les
„ successions, il l'a détourné quelquefois,
„ et nos rois ont successivement reconnu,
„ dans les cérémonies de leur sacre, et dans
„ leur serment, que le véritable fondement
„ de ce droit est dans l'aveu de la nation.
„ Ce serment qui lie les peuples aux rois,
„ lie de même les rois aux peuples ; c'est un
„ engagement réciproque et redoutable à
„ celui qui le rompt : vous l'avez enfreint ;
„ vous avez médité la ruine du parlement,
„ c'est avoir d'une seul coup médité la perte
„ de la nation, c'est avoir formé dans votre
„ cœur le vœu de ce tyran de Rome, qui

,, souhaitoit que son peuple n'eût qu'une
,, tête, pour l'abattre d'un seul coup. Vous
,, avez plongé l'Angleterre dans une abîme
,, de maux, il a fallu le bras du Tout-puis-
,, sant pour y mettre fin ; l'écriture l'a dit :
,, Absoudre le coupable est une abomina-
,, tion égale à celle de condamner un in-
,, nocent. Tous les meurtres commis de-
,, puis la division que vous avez fait naître,
,, vous doivent être imputés ; vous devez
,, en répondre au tribunal de la nation ;
,, vous allez en répondre au tribunal plus
,, terrible de Dieu. C'est à vous à profiter
,, du tems qui vous reste pour le fléchir
,, par vos remords. ,,

La nation frémit à cet arrêt de mort : il
n'étoit point son ouvrage ; c'étoit à elle à
accuser, à juger, à condamner le roi. Frappée
par la terreur, esclave d'un tyran féroce et
usurpateur, elle se contenta de verser quelques larmes stériles et d'invoquer le ciel.
Les presbytériens, dit un écrivain célèbre,
fournirent la hache qui coupa la tête au roi,
et livrèrent la victime toute prête aux indépendans, qui l'égorgèrent. Charles reçut la
mort sans foiblesse comme sans obstenta-
tion ; il pardonna à ses juges et bénit ses
bourreaux. Charles étoit sans doute coupable,

il avoit violé les lois constitutionnelles de l'état, opprimé la liberté des citoyens; exercé une autorité despotique; il avoit méconnu les droits du peuple, créé des emprunts et imposé des taxes sans la sanction du parlement; il avoit voulu établir, par la force des armes, une lithurgie religieuse généralement reprouvée, et enchaîner les consciences par la crainte et par la terreur; il avoit alimenté le fanatisme et fortifié les haines et les factions. Charles méritoit de perdre le trône : tout roi qui rompt l'alliance qui l'unit à son peuple est indigne de régner; la violation du pacte social anéanti ses droits; mais Charles ne pouvoit être accusé, jugé et condamné que par la nation ou par ses représentans; eux seuls pouvoient exercer cet acte terrible, mais nécessaire, de justice. Le tribunal qui condamna Charles ne fut point institué par le peuple, il ne pouvoit point connoître de la violation du pacte social, ni juger un crime national; il n'en avoit ni le droit, ni le pouvoir, ni le mandat. Cromwel avoit établi ce tribunal féroce qui exerça, en son nom, une magistrature inique et usurpatrice. Si le peuple ou ses représentans eussent jugé Charles, les historiens ne se seroient point élevé, avec les

cris de l'indignation, contre ce jugement
national, parce que le peuple, dans l'exercice de sa souveraineté et dans l'appareil
de sa puissance, est toujours juste. S'il a
été trompé, on doit gémir sur ses erreurs,
mais il faut toujours reconnoître son indépendance et respecter son autorité, puisqu'il est la source de tous les pouvoirs. L'histoire a flétri d'un opprobre éternel les juges
qui ont prononcés la mort de Charles, parce
que la nation ne leur avoit donné ni délégué
ce droit ; elle les a placés au rang de ces
brigands et de ces assassins qui ont outragés
les lois, la justice et l'humanité.

Au milieu des secousses violentes qui
ébranloient l'état, Charles méconnut les
bornes qui limitoient son autorité : il ne vit
point qu'une révolution qui tendoit à changer la forme du gouvernement devoit détruire les anciens principes, les anciennes
opinions, et les anciennes habitudes ; il regardoit les droits dont ses prédécesseurs
avoient joui, comme liés et inhérens à la
constitution ; il crut qu'il étoit de sa dignité
et de son intérêt de n'en céder aucun : il
ne considéroit point que cette même constitution et ces mêmes droits, ayant une
origine humaine, étoient sujets aux mêmes

changemens que les autres institutions. Lorsque les idées d'indépendance germent dans
un état, elles doivent nécessairement produire une grande explosion. Un peuple qui
connoît ses droits veut les exercer : il ne voit
pas même qu'il en passe les limites, et que
cette transgression peut le conduire à l'esclavage et à la misère. Il y a des époques
fixées par la nature où la liberté parcourt
les empires, et éclaire les peuples : il faut
qu'elle termine ses travaux par des événemens importans et extraordinaires, rien ne
peut résister à sa puissance et à sa force :
l'indépendance des nations doit suivre le
despotisme des rois, et les républiques doivent s'établir sur les débris des monarchies.
C'est un cercle inévitable : la tyrannie, l'oppression et la force militaire ne peuvent suspendre ni arrêter ce travail de la nature et
de l'esprit humain.

Charles n'avoit ni la force du génie, ni
la grandeur du caractère ; il étoit bon, sensible, généreux, bon ami, bon père, bon
mari ; sa dignité étoit sans orgueil, sa bra-
voure sans témérité, sa tempérance sans
austérité, son économie sans avarice ; mais
ces inclinations bienfaisantes étoient obs-
curcies par des manières peu gracieuses ; sa

piété approchoit de la superstition : il eut
des idées fausses sur l'étendue de son autorité ; peut-être s'il eût trouvé les bornes de
la prérogative royale , fixes et bien établies ,
son intégrité lui auroit fait respecter comme
sacrées les limites de la constitution. Sans
fermeté et sans politique , Charles excita les
passions de ces redoutables communes , qu'il
pouvoit réprimer par des moyens de force ,
ou séduire par des mesures politiques ; et
c'est ainsi qu'on auroit prévenu une révolution opérée par les fureurs et les vengeances
des sectaires , par la haîne , l'ambition et les
crimes du parlement , par la superstition du
peuple , par l'hypocrisie et la férocité de
Cromwel , par les erreurs , les imprudences ,
les foiblesses de Charles , par le zèle indis-
cret de ses ministres et par les caprices de
ses favoris.

Les puissances de l'Europe virent sans
étonnement cette révolution : elles recon-
nurent et complimentèrent un usurpateur et
un meurtrier. Basyle , qui regnoit en Russie ,
fut le seul souverain qui manifesta son indignation sur la mort de Charles ; il chassa
les Anglais d'Archangel , et leur interdit
tout commerce avec ses états. Le grand-
visir de Mahomet IV , instruit de la mort de

Charles, dit au drogman de la nation anglaise " Il faut ou que votre roi fût sans pou-
,, voir, ou que les Anglais soient la plus
,, atroce de toutes les nations, pour qu'une
,, action aussi horrible ait pu se commettre.
,, Voyez, ajouta-t-il, notre déférence; voyez
,, notre admiration pour les ordres de notre
,, souverain, à qui la moitié de l'univers
,, obéit avec un respect non moins aveugle. ,,
-- " Seigneur, lui répondit le drogman, je
,, n'entrerai point dans le détail de ce crime,
,, je vous dirai seulement que notre roi a été
,, mis à mort quelques semaines après que
,, le sultan Ibrahim, père de l'empereur
,, actuel, fut déposé et étranglé sur le refus
,, de satisfaire à trois sommations juridi-
,, ques de comparoître devant la justice,
,, pour rendre compte de sa conduite à ses
,, sujets. ,,

La dissolution de la monarchie suivit bientôt la mort du monarque; dans ce tems de
calamités et de crimes, le parlement, sans
consulter le peuple, s'empara de tous les
pouvoirs, se déclara le défenseur des lois et
de la liberté publique; publia un décret qui
condamnoit à mort quiconque contribueroit
directement ou indirectement à faire proclamer roi Charles, prince de Galles, et

dénonça le duc d'Hamilton , le comte de
Holland , et le lord Capel comme les ennemis
de la patrie : ils furent condamnés à mort.
Pour ôter aux deux fils de Charles , qui étoient
à Londres , tout espoir de grandeur , on les
destina à l'apprentisage d'un métier ; le parlement ordonna la démolition de tous les
monumens qui portoit l'empreinte de la
royauté , fit abattre la statue de Charles , et
graver sur le piedestal cette inscription :
Exiit tyranus , regum ultimus , le tyran a
disparu , c'est le dernier de nos rois. La
chambre des pairs fut ensuite supprimée :
la noblesse perdit ses droits et ses prérogatives ; condamnée à des occupations qui ne
peuvent inquiéter l'œil vigilant de l'usurpateur , elle n'eut de ressource que dans la
philosophie et dans la culture de l'esprit :
tels avoient été les travaux des premiers personnages de l'Europe, dans le feu des guerres
civiles de Sylla , de César et d'Auguste. Le
génie anglais , électrisé pour ainsi dire par
le choc des révolutions , se tourna vers les
sciences et les lettres ; il y porta cette chaleur
vivifiante qui tout-à-coup produisit des chef-
d'œuvres dans tout les genres. Leur état
florissant sous Auguste , sous les Médicis ,
sous Louis XIV , fut l'ouvrage des troubles

qui avoient précédé ces brillantes époques. Dans ces tems de fermentation, des événemens heureux ou malheureux, mille fois répétés, étendent les idées en portant les passions au plus haut degré de force et d'énergie, fortifient l'ame, augmentent son ressort, et lui inspirent ce desir de gloire qui ne manque jamais de produire de grandes choses. C'est ainsi que l'astre du jour, après avoir dissipé les ténèbres qui obscurcissoit l'horizon, paroît dans tout son éclat, vivifie et féconde toute la nature.

Les communes vouloient établir sur les ruines de l'ancienne constitution une république dont elles formeroient le sénat; mais la nation étoit divisée en une infinité de sectes livrées à l'extravagance des systêmes et des spéculations politiques. La secte des presbytériens, composée des puritains et des indépendans, demandoient l'établissement d'un gouvernement démagogique, et l'abolition de la religion anglicane. Les millenaires soutenoient qu'il falloit accorder le pouvoir à la sainteté; ils attendoient le second avènement du messie, et croyoient qu'alors les saints gouverneroient la terre. Les *levellers* ou *applanisseurs* vouloient une égale distribution d'autorité, de fortune et de propriété.

Tout étoit délire et confusion. L'anarchie
présente des images effrayantes ; toutes les
bases du gouvernement sont dérangées ; les
anciennes règles n'existent plus ; les lois
dorment ; les fonctions de la justice sont
interrompues ; l'exactitude, la célérité, l'é-
conomie deviennent impossibles dans l'exercice de l'administration ; elle se blesse même,
et sans cesse contrariée, elle attaque toutes
les propriétés qui reposoient autrefois sur des
fondemens solides. Ainsi l'homme, en voulant éviter un précipice, tombe dans un
autre. Cependant on peut fléchir un despote,
on peut éclairer un tyran ; mais rien n'arrête
et n'instruit une multitude forcenée, qui fait
de ses passions violentes et aveugles, autant
de lois qui sont détruites le lendemain par
des lois plus absurdes encore. L'anarchie est
donc ce qu'il y a de plus à redouter ; c'est la
maladie la plus grave dont puisse être atteint
le corps politique. Il y a anarchie, lorsqu'on
viole la constitution ; il y a anarchie, lorsque
des citoyens factieux attaquent le pacte social ; il y a anarchie, lorsque les propriétés
ne sont point respectées et les formes de la
justice observées ; il y a anarchie, lorsque
l'homme puissant trouve dans la corruption
l'impunité de ses crimes ; il y a anarchie, lors-

que de vils et odieux spéculateurs s'engrais-
sent de la substance du peuple et insultent
aux calamités publiques ; il y a anarchie,
lorsque les principes de la morale et de la religion ne sont point unis au systême de la
législation civile ; il y a anarchie, lorsque
les lois ne protègent point la liberté des
cultes ; il y a anarchie, lorsque des hommes
inquiets et pervers calomnient les législateurs, les exécuteurs, les dépositaires et les
organes des lois.

Il n'y avoit que l'armée qui pût créer une
forme de gouvernement ; Cromwel comprit
qu'il falloit s'emparer de la force militaire :
il se flattoit de parvenir, par ses chimères
politiques et ses extases religieuses, à séduire cette armée qui, par intérêt ou par
reconnoissance, ne manqueroit point de lui
confier le pouvoir souverain. Le parlement
forma ensuite un conseil d'état, destiné à
veiller à l'exécution des lois, et à donner des
ordres aux officiers de l'armée. Cromwel
parut favoriser l'établissement de ce nouveau
sénat ; il obtint le titre de lieutenant en Irlande, qu'il subjugua avec une rapidité inconcevable.

Les Irlandais, bons soldats en France et
en Espagne, ne montrent pas un grand cou-

rage lorsqu'ils se battent dans leur pays ; les Anglais ont toujours eu sur eux la supériorité du génie, des richesses et des armes. Jamais l'Irlande n'a pu secouer le joug de l'Angleterre, depuis qu'un simple seigneur anglais la subjugua. Cette nation n'a point de caractère ; elle est inconstante : le moindre revers l'abat, et le cabinet de Londres la domine. Le catholicisme, qui règne dans cette contrée, en rend les habitans sans force et sans courage.

Charles, prince de Galles, étoit à la Haye, auprès du prince d'Orange, son parent ; il se fit proclamer roi d'Angleterre ; les seigneurs, qui l'avoient accompagné dans sa fuite, lui prêtèrent serment de fidélité. Les états-généraux, redoutant ces communes si formidables dans leur pouvoir et si heureuses dans leurs entreprises, délibérèrent de leur livrer Charles. Ces fiers bataves, qui venoient de briser les fers de l'esclavage, devoient sans doute détester le gouvernement monarchique, et voir avec effroi un roi qui vouloit relever et affermir le trône sur les débris d'une république : ils furent conséquens dans leurs principes en refusant de secourir un prince ennemi par intérêt, par système, et par politique des états républicains. Charles eût bien desiré de passer en France ; mais que pouvoit-il espérer d'une cour déchirée par des factions, et qui avoit violé une alliance fondée sur les bases de la politique , et cimentée par les lois de la nature ; déjà elle avoit envoyé à Cromwel un ambassadeur pour féliciter ce meurtrier usurpateur , dont les mains étoient encore teintes du sang qu'il avoit fait verser. Enfin Charles résolut de partir pour l'Irlande , mais les troubles qui vinrent agiter cette contrée, le forcèrent d'abandonner ce projet.

Le duc d'Argyle gouvernoit l'Ecosse ; il pensoit que, pour terminer la guerre civile et rétablir l'empire des lois , il falloit créer un magistrat suprême , revêtu de la plénitude de l'autorité souveraine ; en conséquence, le parlement d'Ecosse publia une proclamation où il reconnut Charles II pour son roi légitime , à condition qu'il approuveroit le fameux *convenant*. Des députés furent envoyés pour féliciter le prince et l'instruire des vœux de la nation. Charles refusa d'abord d'accepter les conditions qui lui étoient imposées ; il connoissoit l'esprit d'inquiétude et d'inconstance qui agitoit la faction presbytérienne ; il se rappelloit que cette secte avoit vendu le sang de son père : Charles résolut d'exécuter son premier projet d'aller chercher en Irlande des soutiens et des défenseurs. Déjà les royalistes et les catholiques irlandais s'étoient réunis pour rétablir la monarchie ; déjà le marquis d'Osmond, à la tête d'une armée, s'étoit emparé de plusieurs villes, et se préparoit à faire le siège de Dublin. Le prince Rupert s'étoit réuni au général irlandais ; mais Jones, qui commandoit dans la capitale, attaqua d'Osmond et le vainquit ; Crote, gouverneur de Lodondery, dispersa l'armée des royalistes : ces revers et ces pertes forcèrent Charles à se retirer avec le duc d'York, son frère, dans l'île de Gersey. Carteret, royaliste secret, en étoit le gouverneur ; ce fut dans cette île que ce prince fut instruit des succès et des triomphes de Cromwel ; ce féroce guerrier avoit subjugué l'Irlande et porté la terreur de son nom dans toutes les provinces. Après avoir donné le commandement de ce royaume à son gendre Ireton, il partit pour Londres, où Fairfax, dégoûté du personnage qu'on lui avoit fait jouer dans le meurtre de Charles Ier. se démit du commandement de général d'armée.

Montrose continuoit à parcourir les villes et les provinces, pour défendre et fortifier la cause de son roi ; il leva une armée , mais il fut vaincu, et fait prisonnier par le général Lesley qui le fit conduire à Edimbourg. Il fut jugé et condamné à mort ; Charles perdit son plus zélé défenseur et son meilleur ami. Le sang de Montrose , qui sembloit annoncer une division éternelle entre les Ecossais et Charles , devint le gage sacré de la plus parfaite union. Ce prince accepta les conditions qui lui avoient été offertes par les Ecossais ; il partit pour Edimbourg où il fut proclamé roi. Cependant ce peuple inquiet et factieux cherchoit à lui imposer de nouvelles lois ; on composa sa cour de ces rigides presbytériens, qui ne lui parloient jamais que pour outrager la mémoire de son père , et qui ne cessoient de citer des passages de la bible. Ces ridicules et forcénés déclamateurs faisoient sans cesse intervenir le ciel pour justifier la bizarrerie de leur doctrine et la férocité de leurs mœurs. Charles s'indignoit contre ces fougues religieuses ; alors ces fanatiques le dévouoient à la damnation éternelle , et faisoient retentir les airs de leurs imprécations et de leurs blasphèmes.

An 1651. Cromwel, instruit du traité de Bréda , où les Ecossais avoient reconu Charles pour leur roi , partit pour l'Ecosse ; il s'avança vers d'Ambur ; ordonna à ses soldats de chanter

les louanges de l'éternel; rencontra les ennemis et les tailla en pièces. L'Écosse, conquise, perdit sa constitution; elle fut érigée
en république, et ne forma plus, avec l'Angleterre, qu'un seul et même état. Charles
profita des ténèbres de la nuit pour se retirer
à Dundée; les malheurs du jeune prince at-
tendrirent le comte d'Argyle; il se déclara
son défenseur, et leva une armée dont il
donna le commandement à Lesley. Cromwel
marcha contre ce général, le mit en fuite et
ravagea les provinces de l'Écosse; Charles
échappa au carnage : sa fuite présente un
concours d'événemens dont le détail intéresse
et attendrit. Il se déguisa en paysan; poursuivi par les satellites de Cromwel, il se tint
caché dans un feuillage de chêne pendant un
jour. Dans cette situation pénible, il entendoit publier la proclamation qui proscrivoit
sa tête. Ce prince fut conduit, au milieu des
forêts et des précipices, dans la chaumière
d'un pauvre paysan, où il fut nourri pendant
quelque tems des mets les plus grossiers; il
fut confié à la générosité d'un gentilhomme
du comté de Straford. Sa fille remplit une
mission aussi honorable que difficile : elle fut
chargée de conduire le prince sur les bords
de la mer. Enfin, après avoir parcouru tous

les degrés de l'infortune, Charles trouva un vaisseau sur lequel il s'embarqua pour la France.

Les succès et les conquêtes de Cromwel le rendirent trop puissant, pour qu'il voulut s'abaisser long-tems à obéir au sénat qu'il avoit fait créer par l'armée; ces mains farouches qui venoient de renverser le trône, étoient assez vigoureuses pour le relever, son ambition assez active pour le presser d'y monter, et son génie assez hardi pour lui promettre de s'y maintenir. Ce fut alors qu'il communiqua pour la première fois ses projets à ses confidens, qui excitèrent ses passions, en lui conseillant de nouveaux crimes. Tout sembloit inviter Cromwel à franchir cette dernière barrière. La tyrannie et la bassesse des membres qui composoient le parlement avoient attiré sur eux l'indignation publique; et quelles que pussent être désormais les destinées de l'Angleterre, on ne voyoit rien de plus odieux et de plus terrible que l'existence de ce sénat vénal et prévaricateur, qui consacroit tous les crimes de la tyrannie populaire, et contemploit avec une joie féroce les maux de la patrie, qui s'agitoit dans des convulsions intestines, se déchiroit les entrailles, et se précipitoit en lambeaux sanglans dans une putréfaction horrible. C'est cette anarchie que Polybe appelle la sauvage et féroce domination de la multitude.

L'Angleterre venoit de remporter quelques avantages sur les Hollandais ; leur flotte avoit été dispersée : ces succès avoient énorgueilli les communes ; elles commencèrent à regarder les troupes de terre avec mépris, et affectèrent pour la marine une préférence bien propre à humilier l'armée. Cromwel ne tarda pas à voir ces imprudences, et ne manqua pas d'en profiter ; il les fit remarquer aux principaux chefs, assembla un conseil de guerre, où il montra la nécessité de mettre un frein aux entreprises et aux usurpations du parlement, et à créer cette autorité militaire destinée à défendre la liberté et les lois. Cromwel échauffa tous les esprits : la perte des communes fut résolue ; il se rendit au parlement suivit de quelques troupes, lui annonça que Dieu, voulant établir le règne des saints, avoit résolu, dans les décrets de sa divine providence, de le dissoudre ; et, livrant ensuite les membres de ce sénat à la fureur des soldats, il les fit entraîner loin du palais, dont il ferma les portes. Telle fut la fin de ce parlement odieux qui, tour-à-tour esclave de Cromwel et oppresseur de la nation , renversa la constitution , et livra l'état à toutes les fureurs de l'anarchie , et à toutes les calamités publiques. Il étoit juste que ce vil et exécrable sénat fût puni par ce même tyran dont il avoit flatté les passions et consacré les crimes.

An 1654. Cromwel, en détruisant le parlement et les lois , ne vouloit point sans doute perpétuer les désordres et la confusion , et livrer le vaisseau de l'état à une agitation perpétuelle ; il vouloit régner, il ambitionnoit la gloire d'être investi de la plénitude de l'autorité souveraine pour créer une nouvelle législation et un nouveau gouvernement propres à consolider une révolution qui devoit le placer au faîte des grandeurs. Incertain de la dénomination qu'il donneroit à cet exercice réel de pouvoir, et n'osant prendre le titre de roi sans consulter et étudier les dispositions et les mouvemens de l'armée , il imagina une de ces folies qui paroîtroit incroyable, si elle n'étoit pas si récente, si authentiquement prouvée , et si on ne savoit point à quel degré de délire l'esprit humain parvient au milieu de ces bouleversemens qui agitent les corps politiques. Cet hardi imposteur publia que , dans une révélation, Dieu lui avoit apparu dans la personne du père, et lui avoit confié l'administration du gouvernement céleste. Il assembla quelques députés d'Angleterre, d'Ecosse et d'Irlande, et leur annonça que la providence les avoit choisi pour former son saint parlement. Tous ces personnages, élus immédiatement, sanctifiés par la parole seule du nouveau pontife, se placèrent gravement sur leurs siéges, et, se regardant comme les oints du seigneur, ils s'érigèrent en prophêtes. Ces théocrates législateurs abolirent les fonctions sacerdotales comme l'ouvrage de l'ante-christ et du pape; détruisirent les lois anciennes, comme émanant de la tyrannie des rois damnés; supprimèrent les universités et les autres établissemens publics où les sciences étoient enseignées, comme étant le séminaire de l'athéïsme. Après cette cérémonie, aussi bizarre qu'odieuse, il parut à Cromwel que ces saints réformateurs avoient fini leur mission, et que l'esprit saint ne les éclairoit plus, il les dépouilla de leur autorité, pour en faire des satellites précurseurs chargés d'annoncer ses ordres, et d'exécuter ses volontés; mais comme parmi cette multitude de fanatiques imbécilles, il avoit récompensé ceux qu'il avoit cru propres à être les confidens de ses secrets et les complices de ses usurpations, il les invita exécuter le pacte d'alliance conclu entre le prophête et les apôtres ; en conséquence, cette horde d'hommes vils et dégradés envoyèrent à Cromwel des satellites qui se prosternèrent humblement à ses pieds, et lui annoncèrent solemnellement que Dieu leur avoit ordonné de remettre en ses mains l'autorité qu'ils en avoient reçue. Alors le conseil militaire se réunit aux magistrats civils ; l'armée et le sénat prièrent Cromwel d'accepter le titre modeste de protecteur. Il fut déclaré le chef suprême des trois royaumes. Cromwel fut installé dans l'église de Westminster : on y déposa les symboles de sa dignité, la bible, un globe, une épée, une toque, un bonnet d'écarlatte fourré d'hermine, furent les emblêmes et les ornemens de son nouveau pouvoir : une fête splendide consacra la cérémonie, et jamais une égale magnificence n'accompagna le couronnement des rois.

Il faut juger, dit Raynal, des révolutions que produisent les guerres civiles par la cause qui les fait naître. Lorsque l'horreur de la tyrannie et l'instinct de la liberté mettent à des hommes braves les armes à la main, si la faveur de leur cause leur donne la victoire, le calme qui succède à cette calamité passagère, est l'époque du plus grand bonheur : toutes les ames ont acquis de l'énergie et l'ont communiquée aux mœurs. Le petit nombre de citoyens, qui ont été les témoins et l'instrument de ces troubles, réunit plus de forces morales que les nations les plus nombreuses : l'homme juste est devenu le plus fort, et chacun est étonné de se trouver à la place que lui avoit marquée la nature. Mais lorsque les guerres civiles ont une source impure, lorsque des esclaves se battent pour le choix d'un tyran, des ambitieux pour opprimer, des brigands pour partager les dépouillés, la paix qui termine ses horreurs est à peine préférable à la guerre qui les enfanta ; des criminels prennent la place des juges qui les ont flétris, et deviennent les oracles des lois qu'ils avoient outragées. On voit des hommes ruinés par leurs profusions et leurs débauches, insulter par leur faste insolent les vertueux citoyens dont ils ont envahi le patrimoine. Il n'y a dans ce chaos que les passions qui soient écoutées ; l'avidité veut s'enrichir sans travail, la vengeance s'exercer sans crainte, la licence écarter tout frein, l'inquiétude tout renverser ; de l'ivresse du carnage, on passe à celle de la débauche ; le lit sacré de l'innocence ou du mariage est souillé par le sang, l'adultère et le viol. La fureur brutale de la multitude se plaît à détruire l'ouvrage de la création et de l'industrie. Ainsi périssent en quelques heures les monumens de plusieurs siècles ; si la lassitude, un épuisement entier, ou quelques heureux hasards suspendent ces calamités, l'habitude du crime, des meurtres, du mépris des lois qui subsiste nécessairement est un levain toujours prêt à fomenter ; les généraux qui n'ont plus de commandement, le soldat licencié sans paie, le peuple avide de nouveauté, dans l'espérance d'un meilleur sort, tout s'agite, tout fermente : ces matières et ces instrumens de trouble sont sous la main du premier factieux qui saura les mettre en œuvre.

Une autorité fondée sur la force et l'usurpation, un pouvoir établi dans un tems d'anarchie et de superstition doivent nécessairement s'anéantir. La nature n'a point créé les hommes pour être continuellement les jouets et les victimes de l'oppression et de la tyrannie. Si la nation, légalement assemblée, eût détruit la monarchie et institué le gouvernement républicain, on auroit applaudi à cet acte de souveraineté, et les historiens philosophes auroient célébré cette révolution mémorable qui rétablissoit le peuple dans ses droits si long-tems usurpés. Il est des vérités saintes qu'il faut souvent répéter pour les imprimer avec profondeur dans les cœurs des hommes : il faudroit même les graver sur des tables d'airain, et les exposer dans les places publiques, afin que le peuple vienne y puiser la connoissance de ses droits et s'instruire du sentiment de sa force. Tout pouvoir émane de la nation; elle en est la source primitive : la souveraineté lui appartient; si elle ne peut point l'exercer, elle la transmet, par délégation, à des représentans qui jouissent de l'autorité souveraine. Mais ici tout fut crime, usurpation, anarchie. Le parlement n'avoit pas le droit sans convoquer une convention nationale, de détruire l'ancienne constitution de l'état, ni de créer un nouveau pacte social, il ne pouvoit point donner à Cromwel cette autorité souveraine, dont il n'avoit ni la propriété, ni l'exercice, ni la délégatation.

A peine Cromwel fut-il nommé protecteur, que le peuple le regarda comme l'oppresseur de la patrie, et le meurtrier de son roi ; mais comme sa férocité, son fanatisme, et le pou-

An 1655.

voir militaire dont il étoit armé, répandoient l'effroi, et imprimoient la terreur dans tous les esprits ; on obéissoit au tyran usurpateur, dans l'espoir d'en être bientôt délivré. Crom-wel convoqua un nouveau parlement : ce fut dans cette assemblée qu'on examina la nature et l'origine de la constitution de l'état, des droits de la souveraineté, et des priviléges du peuple. Des hommes sans principes et sans sciences, substituèrent leurs conceptions bizarres, et leurs systêmes extravagans, aux véritables maximes qui doivent régir les sociétés politiques. Déjà on méditoit la chûte de l'usurpateur, pour établir la tyrannie populaire ; on demanda à Cromwel de quel droit il se trouvoit ainsi placé à la tête d'une république libre ; on lui reprocha la férocité de ses mœurs, et la tyrannie de son administration ; on affecta de ne lui rien communiquer des délibérations de l'assemblée. Les grands désastres font naître ordinairement un despote ; parce que quand il devroit abuser de ses forces, l'intérêt de la société exige qu'il frappe un coup violent pour substituer aux lois les passions fougueuses, destructives de tout ordre et de toute police : quand le mal est passé, il s'agit de détruire ce même despote ; il étoit un sauveur, il devient un tyran, s'il ne dépose point l'épée qui l'a conduit au faîte de la puissance.

Cromwel fut instruit d'une conspiration formée contre lui; il fit punir de mort Vovel et le colonel Gérard; le même jour et sur le même échafaud, périt dom Pantaleon-Spa, chevalier de Malthe, et frère de l'ambassadeur de Portugal, meurtrier d'un citoyen de Londres. Cromwel n'ignoroit point que ses ennemis les plus actifs et les plus dangereux étoient membres du parlement; il en prononça la dissolution, et livra les conspirateurs à la vengeance des lois et à la fureur du peuple. Cromwel crut qu'il falloit cimenter et affermir sa puissance sur l'oppression et la terreur; il chercha à enchaîner indistinctement tous les ordres de l'état; il divisa l'Angleterre en plusieurs districts; créa dans chacun de ces districts, des tribunaux militaires chargés de percevoir les impôts, et de confisquer les biens de ceux qu'il appeloit *délinquans*. Bientôt la nation se vit écrasée sous le joug d'une oppression inconnue dans les contrées asiatiques. C'est ainsi que dans les horreurs de la guerre civile, le peuple reçoit les fers de l'esclavage, en croyant combattre pour sa liberté ou sa religion; cela devoit être ainsi : il n'y a point d'exemple

dans l'histoire qu'un peuple ait jamais passé
de l'anarchie à la liberté. Pour faire cesser
l'anarchie, il faut une verge de fer ; on ne
peut en sortir que par la tyrannie.

Cromwel ayant affermi son autorité sur ce
despotisme exécrable, exerça pendant deux
ans toute la plénitude de la souveraineté sans
convoquer le parlement ; il employa ce tems
à des opérations militaires, qui semblèrent
relever sa gloire et la grandeur de l'empire
britannique. La nation qui, sous le règne de
ses deux derniers rois, avoit laissé presque
oublier son nom au-delà des mers, fut flattée
de le voir revivre avec éclat. Le protecteur
suivit le systême politique d'Elisabeth ; il
s'occupa à former des alliances, à déclarer
des guerres, à protéger les colonies, à tromper les puissances étrangères, et à se rendre
l'arbitre des destinées de l'Europe ; il déclara
la guerre à la Hollande, conclut un traité de
paix avec la Suède, fit trembler le duc de
Savoye et la cour de Rome ; attaqua l'Espagne dans ses possessions américaines,
dirigea les opérations du cabinet de Versailles, en ordonnant à Mazarin de ne point
persécuter les protestans ; fit une alliance
avec la France, où Louis XIV promit d'ex-
pulser de ses états la famille de Stuard ; châtia

les corsaires algériens, et les brigands de
Tunis; proclama ce fameux acte de navigation, que l'Europe a toujours regardé comme
la violation des droits et des intérêts des
nations, et attentatoire à la liberté générale.

Cet acte de suprématie maritime est une
tyrannie contre laquelle la nature, la raison,
et la justice universelle s'élèvent avec force,
lors même que les nations engourdies sem-
blent s'y soumettre sans murmure. En vertu
de cette loi célèbre, tout le commerce des
possessions anglaises dans les îles et le continent de l'Amérique, prit son cours par la
métropole, et plusieurs vaisseaux vinrent encore se joindre à ce grand fleuve et en augmenter la majesté. Outre les rapports immenses que l'Angleterre s'est ménagés par des
établissemens considérables dans les grandes
Indes, outre le monopole étrange qu'elle
exerce contre le Portugal, elle se créa un
commerce interlope, très-étendu sur toutes
les côtes des colonies espagnoles, elle s'ouvrit des débouchés avantageux dans la Bal-
tique et dans la mer du Nord; elle envoya,
dans toutes les échelles du Levant, ses vaisseaux chargés de richesses du nouveau monde.
Comme elle eut toujours, pour maxime,
d'entretenir toutes ses relations par ses seuls

navires, sa marine marchande devint en peu de tems la plus florissante et la plus nombreuse qui eut jamais paru sur les mers ; elle eut en abondance , des matelots robustes , à l'épreuve du changement de climats , exercés à la manœuvre et accoutumés à braver les fureurs de l'Océan ; elle eut des hommes de mer savans dans l'art de dompter cet élément perfide ; elle mit , dans ses flottes , toutes ses espérances , toute sa force et toute sa gloire. Ce peuple ambitieux et fier se vit bientôt en état de tout entreprendre et de résister à toutes les puissances maritimes de l'Europe conjurées contre lui. Son pavillon , déployé dans les quatre parties du monde , annonçoit à toutes les nations du globe le roi de la mer et l'arbitre du commerce universel.

L'Europe sortira un jour de sa stupeur ; elle réunira ses forces pour briser ce sceptre maritime que les Anglais ont usurpé , et qui pese sur toutes les nations , et pour assurer à toutes les puissances cette liberté de navigation et de commmerce que la nature a établi pour l'intérêt de tous et pour la prospérité générale. On a versé des flots de sang pour rétablir , sur le continent , cette balance destinée à s'opposer à la grandeur et à l'ambition de grandes puissances : il est tems de prendre les armes pour maintenir , sur les mers , ce même systême d'équilibre qui doit multiplier dans toutes les parties de l'univers, ces canaux salutaires, propres à répandre l'abondance et la fertilité.

Mais quel sera le résultat de ces vastes combinaisons de commerce, qui embrassent l'univers; que deviendront ces trésors attirés dans la Tamise de toutes les régions de la terres, où viendra aboutir cet appareil formidable, qui porte d'un pole à l'autre la gloire et la terreur du nom anglais. Ah! n'en doutons pas, ce colosse s'écrasera sous son propre poids, et la tige corrompra bientôt les rameaux de cet arbre majestueux, qui frappe et étonne les regards. Sa politique orgueilleuse, son systême de machiavélisme et de corruption, prépare la dissolution du gouvernement britannique, qui s'épuise par sa propre grandeur. La nature, au milieu de ses mouvemens, tend sans cesse à réparer les vices des gouvernemens, les désordres des sociétés, et les injustices des institutions humaines; elle ne destine point l'habitant du continent à obéir à des insulaires : un peuple agricole ne sera jamais l'esclave d'une nation commerçante. L'agriculture forme les grands caractères; la force du corps et la vigueur de l'ame donnent l'amour de la liberté, et le

zèle du patriotisme crée des guerriers. Toute
puissance qui vient d'ailleurs que de la terre,
est artificielle et précaise, soit dans le physique, soit dans le moral : un état bien dé-
friché, bien cultivé produit les hommes par
les fruits de la terre, et les richesses par les
hommes. Ce n'est point pour nous servir de
la pensée ingénieuse de Raynal, les dents du
drucon qu'il sème pour enfanter des soldats
qui se détruisent, c'est le lait de Junon qui
peuple le ciel d'une multitude innombrable
d'étoiles. Le commerce dégrade les mœurs,
détruit les vertus, prépare les chaînes de
l'esclavage, et ne peut donner à l'état que
des hommes flétris par l'égoïsme, efféminés
par le luxe, et des spéculateurs sans foi et
sans conscience, qui n'ont d'autre dieu et
d'autre religion que l'intérêt et l'argent. Les
nations commerçantes ont brillé pendant
quelques tems, mais bientôt elles ont disparu
pour aller s'ensevelir dans la nuit du tombeau ; tel fut le sort de Tyr, de Sidon, de
Carthage : ces édifices incohérens de puissances, privées de leurs appuis, et perdant
leur équilibre doivent s'écrouler tout-à-coup
en débris et ajouter l'exemple d'une grande
ruine à tous ceux qu'a déjà vu la terre.

Les peuples riches furent toujours forcés

de succomber sous les efforts des nations pauvres ; l'Asie devint la proie des Macédoniens ; Rome, enrichie des dépouilles de la terre, fut conquise à son tour par des guerriers indigens et sauvages, que le Nord avoit vomi de ses flancs glacés. Le Chinois et l'Indien sont tombés sous les coups du tartare vagabond.

Toutes les guerres entreprises par Cromwel n'avoient, pour objet, que de suspendre la haîne publique, qui éclatoit de toutes parts contre son usurpation, et de préparer à la nation le joug de la tyrannie qu'il vouloit lui imposer. En Angleterre, un roi guerrier peut être impunément un desposte ; le peuple est plus fier de ses conquêtes que sensible à l'oppression : l'aspect de la Tamise, couverte des vaisseaux ennemis, lui fait oublier ce joug que lui impose la multiplicité des impôts : l'intérêt et l'orgueil dirigent son patriotisme, et affoiblissent ces vertus politiques et morales que font la force des républiques, et entretiennent le feu de la liberté et l'enthousiasme de la patrie.

Cromwel reconnut la nécessité de convoquer un nouveau parlement. Après avoir pris les précautions que la prudence et la politique lui suggérèrent pour s'assurer de la pluralité

des suffrages, il créa un nouveau sénat ;
Cromwel fixa alors ses régards sur le trône
qu'il ambitionnoit avec fureur, quoiqu'il af-
fectât de ne parler que de liberté, de république, d'égalité ; les principes religieux qu'il
professoit, paroissoient s'opposer à ses audacieux projets : le tyran fait servir sa conscience et sa religion à alimenter le feu qui le
consume ; il ne connoît d'autre dieu que l'ambition ; il sacrifie tout à cette passion qui le
tourmente. Cromwel étoit fanatique en public ; mais, dans son intérieur, il se jouoit de la
religion qu'il vouloit faire servir à l'exécution
de ses projets. Cependant il veut enfin recueillir les fruits de ses forfaits ; il veut être roi : en
conséquence il assembla ses satellites, leur
découvre ce secret qui pesoit depuis si long-
tems sur son cœur ; il faut que le sentiment
qui l'agite, que le feu qui le dévore se déborde
et éclate. Un jour que l'on délibéroit sur les
moyens de concilier le gouvernement militaire, tel qu'il étoit alors avec les lois fondamentales de la constitution, un de ses satellites voulut prouver que l'intérêt et le salut
du peuple exigeoit impérieusement l'établissement du gouvernement monarchique ; il
proposa de changer seulement un mot dans la
définition du gouvernement, et de donner au

[113]

protecteur le titre de roi. Cette proposition
fut acceptée avec transport par ces magistrats
qui avoient vendu leur voix au tyran ; mais
les officiers généraux, ceux qui, après Cromwel occupoient les premières dignités de l'é-
tat, s'opposèrent avec fermeté au rétablissement de la royauté ; ils objectèrent au protecteur toutes les raisons que lui-même avoit
autrefois employées pour abattre le trône, et
établir, sur ses débris, le gouvernement républicain. L'un d'eux fit l'éloge du malheureux Charles en peu de mots bien énergiques :
" Si nous avions voulu un roi, dit - il, nous
,, en avions un qui valoit mieux que tout
,, autre ,,. Ses intimes amis, ses plus pro-
ches parens l'exhortèrent à abandonner ses
projets ; des conjurés étoient armés pour l'é-
gorger au moment même où il accepteroit la
couronne que lui offroit le parlement. Cette
majorité des suffrages, que le protecteur ne
put jamais intimider ni corrompre, le déconcerta, et il abandonna, en frémissant, un
trône qu'il eût peut - être affermi et illustré
par la fermeté de son administration et par
ses talens militaires. La destitution des officiers qui avoient voté contre lui, prouva jusqu'à quel degré de force son ambition étoit
parvenue, et sa vengeance attesta le tour-

8

ment de son âme : ce qu'il reçut de l'affection du parlement , fut le droit de nommer son successeur au protectorat, qui fut déclaré héréditaire. Dès ce moment on regarda son fils , Richard , comme celui qui devoit recueillir les fruits de cette disposition.

Cromwel, contre les règles de la politique et de la prudence , rétablit la chambre des pairs ; des nobles de sa création y prirent séance pour lui servir d'appui contre les attaques des communes. Flatté de se retrouver avec le simulacre de deux parties de l'ancienne constitution , il crut en les opposant l'un à l'autre les soumettre ensemble à ses lois ; mais la noblesse antique dédaigna de s'associer à des hommes nouveaux. Les communes , jalouses de gouverner ou même d'obéir seules, méconnurent un tribunal anéanti devant leur puissance , et vainement décoré du nom de chambre haute. La moderne pairie des membres qui la composoient les éloignoit de toute influence personnelle. Aussi, le protecteur, persuadé qu'une constitution régulière seroit long-tems impraticable , ne songea plus à s'appuyer de ce fantôme. Cromwel fut alarmé de l'union qui régnoit entre ce parlement et l'armée ; dans la crainte de quelque conspiration , il se hâta de le dissoudre, malgré les conseils et les exhortations de ses amis.

Cromwel, redoutable aux puissances étrangères, étoit malheureux dans son administration intérieure. Depuis la dissolution du parlement, il ne lui étoit pas possible d'établir une forme de gouvernement; il ne pouvoit créer une nouvelle constitution, qu'en s'environnant de la force militaire et de la puissance du peuple : mais l'armée et la nation s'étoient réunies par un heureux concert; tous les ordres de l'état murmurèrent contre la tyrannie du protecteur; et déjà ils méditoient à détruire son pouvoir. Tous les partis, toutes les sectes divisés d'intérêt, d'opinions et de principes, se rapprochèrent, et jurèrent solemnellement de hâter la chûte de l'usurpateur; les royalistes le regardoient comme le meurtrier de leur roi ; les épiscopaux, comme l'oppresseur de leur religion; les presbytériens, comme le persécuteur de leur doctrine ; les puritains rigides, comme le destructeur de leur systême d'égalité; les indépendans, comme l'usurpateur des droits de la divinité, et l'ennemi du gouvernement théocratique; l'armée, comme un ambitieux et un despote; la nation entière, comme le tyran de la patrie. Cette confédération géné-

rale annonçoit et devoit nécessairement produire de grands événemens. Chaque jour des
placards injurieux se trouvoient affichés sur
les murs publics; chaque jour Cromwel dé-
couvroit une nouvelle conspiration; il trouvoit dans sa famille même cet esprit républicain et religieux qui combat sans cesse la
tyrannie. Le glaive étoit suspendu sur la tête
du protecteur , et sa chûte devenoit inévitable.

Cromwel , qui tant de fois avoit bravé la
mort dans les combats , trembla , et son ame
connut la terreur; environné de périls conti-
nuels, il devint sombre et farouche : il im-
mola des victimes pour calmer ses inquiétudes et appaiser ses remords; mais le sang
répandu ne rassasie point les tyrans. Cromwel ne survécut que quelques mois aux alarmes, aux tourmens qui déchiroient son ame;
il imagina n'entendre parler que d'insurrections projetées, de révolte dans l'armée , de
complots formés par les officiers qu'il avoit
persécutés, de trahisons, de combats et de
défaites. Cromwel tomba insensiblement
dans cet état de violence et de terreur qui
est la punition réservée aux grandeurs ac-
quises par de grands crimes : plus de paix,
plus de sommeil; son imagination fantas-

tique ne lui présentoit plus que des coupes empoisonnées, des échafauds, des buchers, des poignards, des victimes ensanglantées et des bourreaux tenans dans leurs mains les instrumens de mort ; il frémissoit à l'approche de ceux que la nécessité l'obligeoit à recevoir ; se déroboit-il dans la solitude aux travaux de l'administration, des fantômes effrayans l'accompagnoient, armés et couverts de sang ; à chaque pas qu'il faisoit, il pensoit voir l'abîme s'entr'ouvrir sous ses pas ; il croyoit entendre le bruit de la foudre qui devoit le frapper : l'image ensanglantée de Charles le suivoit par tout ; le glaive du bourreau étoit prêt à l'immoler. Il n'habitoit jamais deux nuits dans le même appartement ; un sommeil interrompu l'agitoit sans cesse : des rêves confus lui offroient le tableau de ses crimes ; il se levoit avec des cris de rage, en demandant ses armes ; alors il versoit des larmes, poussoit des soupirs et des gémissemens ; il regrettoit les jours sereins et les nuits paisibles de son enfance et de sa première obscurité. Cet état terrible devoit nécessairement détruire ses organes et hâter sa mort. Il perdit l'usage de ses sens ; on en arracha cependant un signe d'approbation, à la demande qu'on fit de nommer Richard,

son fils, pour son successeur, et cé signe
An 1658. suffit au conseil. C'est ainsi que mourut cet
homme extraordinaire, dont on a si diver-
sement parlé. L'esprit de faction et d'indépendance qui subsiste encore en Angleterre,
en fit toujours son héros : quelques écrivains
n'ont pas rougi de l'élever au-dessus de ce
que Rome et la Grèce ont produit de plus
grand.

Une mort si prompte et dans un âge qui
sembloit promettre de plus longs jours, fit
présumer que le poison les avoit abrégés;
mais le médecin Batteus, qui fut présent
à l'ouverture du corps, et qui s'attacha particulièrement à vérifier ce soupçon, n'apperçut rien qui put le justifier. Quelques historiens ont prétendu que, par son ordre, on
le précipita dans la Tamise; d'autres, qu'il
vouloit secrètement reposer dans les champs
de Naësby, lieu signalé par une victoire
éclatante qu'il remporta contre Charles.
Mais toutes ces fictions sont aujourd'hui
détruites, et il est prouvé, par des monumens authentiques, que Cromwel fut en-
terré dans la chapelle de Henri VII, et que
ses funérailles se firent publiquement et solemnellement.

Les historiens qui ont examiné le génie

et le caractère de Cromwel, se sont laissés
égarer et séduire par ce merveilleux qui
étonne et asservit l'imagination. Ils ont cru
voir dans cette chaîne de bonheur et de
succès, un système médité et approfondi de
politique, de hardiesse et de sublimité qui
honore l'intelligence humaine. Un simple
particulier qui a pu créer un parlement souverain, dont il s'est servi pour renverser la
monarchie, et ensanglanter le trône, qui a
pu former une armée pour disperser ce parlement, pour briser, quand il a voulu, ce
vil instrument si nécessaire pour sa grandeur et dont il n'a plus besoin ; qui a pu
contenir cette armée frénétique par le respect et la terreur ; qui, après avoir dispersé
la famille royale, opprimé les grands, renversé les autels, violé les lois, trompé, séduit et subjugué une nation factieuse et féroce, est mort souverain de trois royaumes,
respecté et redouté des puissances de l'Europe ; un pareil homme, au premier coup-
d'œil, ne peut avoir été qu'un être surnatu-
rel, un génie vaste et profond. Il eût été tout
cela, sans doute, si ses entreprises, ses conquêtes, sa gloire eussent été l'effet d'un plan
suivi et médité ; mais, outre qu'il n'est pas
vraisemblable qu'un projet si compliqué

dans sa nature et dans son exécution, dont le succès étoit subordonné à tant d'événe-mens, et des circonstances impossibles à prévoir, ait pu se développer tout entier à l'intelligence humaine, il est parfaitement prouvé que Cromwel marcha toujours au hasard, sans règle, sans politique, sans science. Il courroit dans la carrière sans voir le terme qu'il vouloit atteindre. Ce n'étoient point les lumiéres et les réflexions d'un génie froid et calculateur; ce n'étoient point les conseils de la prudence et de la sagesse qui le dirigeoient, il ne consultoit que l'impé-tuosité de ses passions et les agitations de son fanatisme. Le génie médite, raisonne, calcule, prévoit les obstacles et connoît les moyens pour les surmonter : une poli-tique profonde prédit, enchaîne les événe-mens, et les fait servir au succès de ses vastes entreprises. L'ambition dans sa fureur et le fanatisme dans son délire, ne connois-sent ni règle, ni principe, ni prudence ; marchent sans méthode et sans réflexion : leurs succès ne sont que l'ouvrage du ha-sard. La fortune trahit souvent le génie et la vertu, et sert l'ignorance et le crime.

Cromwel ne méditoit que des usurpa-tions. Comment veut-on que, dans cette

situation qui épuise et opprime l'ame, il ait
pu consulter et suivre l'art difficile de la
politique, et ces règles certaines du génie
et des arts, qui préparent et assurent le
succès de vastes entreprises. Les tyrans sont
quelquefois heureux parce qu'ils comman-
dent à des esclaves, et que les esclaves sont
faits pour obéir. Un ambitieux peut bien
apporter dans l'exécution de ses projets un
esprit de prévoyance et de calcul; mais un
scélérat, familiarisé avec le crime, ne voit
rien, ne prévoit rien, ne se fixe sur aucune
base, bâtit l'édifice sans s'occuper des fondemens, et se laisse entraîner au gré des
caprices de la fortune et de la volonté du
destin.

Une seule entreprise détruisoit la puissance et le crédit de Cromwel; une seule
bataille perdue le conduisoit à l'échafaud :
mais un heureux hasard s'enchaîna constamment à ses destinées; ses lettres, ses négociations secrètes, tout annonce en lui un
fanatique qui vouloit établir le gouvernement théocratique sur les ruines de la religion, de l'état, et dont il aspiroit à être
le fondateur et le pontife. Un homme dévoré par une ambition effrénée, qui s'accrut
par l'éclat de sa gloire et de ses succès, mais

qui se trouva étonné lorsqu'il fut sur la marche du trône, qu'il desira avec fureur, lorsqu'il vit qu'il n'y avoit qu'un pas à franchir pour y monter, et qui se consola ensuite de sa perte par l'exercice du pouvoir souverain et du despotisme.

Cromwel étoit issue d'une famille ancienne, alliée de celle de Stuard : la médiocrité de sa fortune, ses premiers débauches et ensuite son hypocrisie, l'excitèrent à s'associer à la secte des puritains. Toutes ces circonstances le rendirent lui-même obscur; ce furent cependant ces mêmes puritains qui, après avoir infecté son esprit de visions, d'illuminations, le firent élire, par leurs intrigues secrètes, membre du parlement. Une fois introduit dans cette assemblée nationale, il y trouva un parti puissant contre Charles, et se déclara royaliste, parce que l'opposition dirigeoit son caractère, et que son génie toujours enflammé, s'irritoit et prenoit une nouvelle énergie à la vue des obstacles et des contradictions. Si le droit héréditaire ou la nation eût placé Cromwel sur le trône, il eût donné à la constitution de l'état une forme fixe et irrévocable par la fermeté de son administration, et il eût préservé l'empire de ces factions et de cette anarchie qui en pré-

parent la dissolution. Mais Cromwel devint
un usurpateur et un tyran, parce qu'il crut,
ou feignit de croire, que le ciel le destinoit
à être le vengeur de la liberté, le fondateur
d'un nouvel empire, le législateur d'un nouveau peuple, le prophête d'une nouvelle
doctrine, et le pontife d'une nouvelle religion. Il ne pouvoit parvenir à ces hautes destinées qu'en parcourant tous les degrés de
l'hypocrisie la plus infernale, et du despotisme le plus ardent. Alors on le remarqua,
non par son éloquence, mais par sa violence
et ses transports frénétiques ; il étoit plus
guerrier qu'orateur, et plus propre à commander une armée, qu'à défendre ou à expliquer les lois. Il sut se rendre agréable aux
soldats, qui, déjà infectés du puritanisme,
témoignèrent un attachement particulier au
plus forcené des puritains. Ces dispositions
n'échappèrent pas à Cromwel, qui, à force
de sentir son incapacité pour devenir l'inter-
prête et le dépositaire des lois, prit volontiers
l'épée pour les anéantir, ou pour en créer de
nouvelles plus conformes à son génie et à ses
passions. Sa vocation militaire lui ouvrit une
carrière plus vaste et plus brillante : ainsi
porté par la faveur de l'armée, de grade en
grade, il parvint rapidement au commande-

ment de quelques divisions, où il se distingua
par sa valeur. La fortune seconda son zèle et
enflamma son courage ; il se rendit maître
des destinées de Charles : une infinité de hasards, des circonstances imprévues semblèrent abaisser devant lui la barrière que son
audace avoit su franchir. Armé de la puissance civile et militaire, il étonna les esprits
par un jargon prophétique, et un langage
mystérieux, et les enchaîna par la terreur et
la superstition. Ferme dans son administration, il rendit le nom anglais redoutable aux
étrangers ; étendit la gloire de la nation,
ouvrit de nouvelles sources d'industrie, de
commerce et de prospérité. Il fut cruel et
religieux ; et, par un assemblage bizare, il
réunit l'austérité des mœurs et quelques vertus domestiques à la férocité de l'ame et aux
vices du despote. Fier avec les grands qu'il
détestoit, il caressoit la multitude dont il
avoit besoin, et s'humilioit devant les soldats
qu'il redoutoit. Cromwel avoit sans doute
du génie, mais c'étoit cette espèce particulière de génie qui devoit réussir dans sa seule
patrie, et à la seule époque où il en fit usage.
Dans un siècle plus éclairé, et chez un peuple
moins superstitieux et moins féroce, Cromwel eût été regardé comme un insensé ou un.

factieux que les lois auroient méprisé ou puni.

Absolu dans sa famille, comme dans l'état, Cromwel fut bon fils, bon mari ; sa femme le secondoit par de petits moyens souvent utiles aux grands événemens ; elle se répandoit parmi le peuple, caressoit les enfans des pauvres, et les adoptoit à l'instant de leur baptême ; cette adoption spirituelle lui concilioit une affection générale, qu'elle faisoit tourner au profit de son époux. Cromwel affectoit une grande sensibilité pour les tendres alarmes de sa mère ; l'écoutoit avec une patience respectueuse, mais il restoit inébranlable dans ses volontés. On reproche à Cromwel d'avoir négligé l'éducation de son fils Richard, et de l'avoir éloigné de l'administration des affaires publiques : mais le protecteur connoissoit le caractère indolent et le génie tranquille de son fils ; il voyoit qu'il ne jouiroit pas long-tems de l'hérédité du protectorat qu'il ne pouvoit conserver dans un tems de factions et d'anarchie, que par la force des passions, et par un concours prodigieux d'événemens heureux, et surtout par cette fureur du fanatisme qui s'épuise et s'anéantit par ses propres excès. Cromwel aimoit les savans, sans aspirer à le paroître.

Milton et Murvel étoient ses secrétaires particuliers. Quoique dans un de ses écrits,
Hobbes eût révélé le secret des tyrans, Cromwel se l'attacha par conformité de principes;
il dût chérir un auteur qui, dans ses ouvrages
politiques, prétendoit que la force est la base
de tout droit, de toute religion, qu'elle consacre et justifie l'usurpation et le crime;
maxime atroce, qui tend à perpétuer les
factions et les guerres civiles, à détruire ces
principes d'ordre, de morale, de justice,
de propriété, sans lesquelles les sociétés politiques ne sont que des associations compo-
sées de hordes de sauvages et de brigands
toujours armés pour se déchirer et se détruire.

Il étoit tems qu'une mort naturelle vînt
soustraire Cromwel aux humiliations, et au
supplice que lui destinoient son usurpation
et ses crimes. A peine l'Angleterre fut délivrée de ce tyran, que le conseil, les officiers
généraux et particuliers, les soldats, tous les
ordres de citoyens des trois royaumes, s'em-
pressèrent de reconnoître Richard pour protecteur; il reçut les hommages des députés
des provinces, des ambassadeurs étrangers
et du parlement.

L'histoire des empires et particulièrement
les annales de la Grande-Bretagne, instrui-

sent et intéressent par la variété des tableaux, et par la multiplicité des événemens qui offrent les phénomènes les plus extraordinaires et confondent l'esprit humain. C'est dans ce miroir fidèle où l'on voit les travaux, les opérations, les caprices de la nature, et le jeu de toutes les passions qui agitent, bouleversent les sociétés politiques. On y voit tour-à-tour la sublimité et la bizarrerie du génie, la grandeur et la foiblesse de l'homme, la réunion de quelques vertus publiques avec l'assemblage de tous les vices et de tous les crimes. A peine Richard fut-il revêtu du protectorat qu'il se forma une conspiration générale pour le dépouiller du pouvoir qu'on lui avoit confié, comme si Richard, qui réunissoit l'aménité des mœurs à l'amour de l'indépendance, eût forcé la nation, les armes à la main, à lui donner un titre de puissance et de gloire qui l'importunoit. Les officiers de l'armée demandèrent que Floword fût nommé général ; les communes décidèrent que les officiers ne pouvoient délibérer pendant la session du parlement. Richard n'eut ni la force de réprimer l'esprit de faction qui agitoit le parlement et l'armée, ni de concilier l'intérêt et les droits du pouvoir législatif, et de la puissance militaire : on le regarda comme incapable de maintenir les nouvelles lois et de conserver l'autorité que lui donna la dignité du protectorat. On le força de dissoudre le parlement, et Lambert fut nommé général de l'armée. Cet homme se proposoit de prendre Cromwel pour modèle, et de suivre son systême politique et militaire; mais Lambert n'avoit ni la vigueur du caractère, ni l'ardeur du fanatisme, ni la force des passions de cet heureux usurpateur. Ce général ne consultoit que les caprices de son esprit, et ne suivoit que les mouvemens de son orgueil.

Richard donna sa démission du protectorat, et abandonna sans regret les honneurs et la puissance; plus content de vivre dans la sollitude libre, indépendant, heureux, que de régner sur un peuple inconstant et factieux; il n'avoit point cette énergie de l'ame, cette ambition dévorante, cette conscience pervers, nécessaires pour affermir un pouvoir usurpé. Henri, son frère, résigna son commandement d'Irlande; ainsi, dans un instant, la famille de l'usurpateur retomba dans son obscurité primitive. Les rameaux de cet arbre majestueux se desséchèrent en pourriture. Le nom seul de Cromwel subsistera; l'histoire, en admirant sa gloire

et ses succès, a imprimé, sur la mémoire de
ce tyran meurtrier, l'opprobre et l'infamie :
si la renommée publie avec enthousiasme ses
grandes et heureuses entreprises, l'humanité
verse des larmes sur le sang qu'il a fait verser, et l'homme sensible et vertueux ne se
rappelle son nom et son existence qu'avec ce
sentiment d'indignation que l'on doit aux dévastateurs de la terre et aux oppresseurs des
nations ; triste et salutaire leçon que la nature et la justice offrent pour épouvanter les
tyrans, pour consoler les peuples opprimés
et pour instruire toutes les générations.

Voilà donc le gouvernement militaire qui
va exercer son despotisme et ses fureurs ;
Lambert et Floword sollicitèrent le protectorat, et pour l'obtenir, ces deux concurrens
prodiguèrent l'or, et multiplièrent les moyens
de corruption. Cependant on s'occupoit à
créer une nouvelle constitution et un nouveau gouvernement, propres à s'opposer à
cette putréfaction politique qui menaçoit
d'ensevelir l'état sous des ruines. Ici les troubles et les factions se renouvelèrent avec une
nouvelle fureur. L'empire étoit comme un
vaisseau battu par la tempête, errant au gré
des hasards, et que des flots tumultueux éloi-
gnoient du port. Chaque parti ne consultoit

que son intérêt, chaque secte ne suivoit que
ses passions; les uns prétendoient que la souveraineté devoit résider dans le conseil de
guerre, de-là l'établissement du pouvoir militaire; les autres vouloient confier la plénitude de l'autorité au parlement; de-là le gouvernement olygarchique; plusieurs desiroient
une constitution théocratique; les royalistes
demandoient la restauration de la monarchie. Personne ne s'occupa de donner la souveraineté au véritable propriétaire, et de
faire rentrer le peuple dans l'exercice de l'autorité suprême. Dans ce tems de confusion et
d'ignorance, on méconnut cette maxime si
précieuse que l'autorité législative ne pou-
vant point s'anéantir, remonte vers sa source
qui est le peuple. Mais peut-être ces maximes,
fondées sur le vérirable contrat social, pa-
rurent des théories sublimes, dont l'exécution
présentoit des dangers et des difficultés presque insurmontables.

Enfin l'ordre parut succéder pour quelque
tems à cette anarchie, et du sein du chaos
sortit une étincelle de lumière, qui ne jetta
qu'un éclat passager. Le parlement, cassé
sous le protectorat de Cromwel, avoit été déclaré indissoluble sous le règne de Charles Ier.
On démontra que la violence n'avoit pu lui

ôter son existence politique ; en conséquence
les membres de ce parlement furent invités,
par l'organe de Leuthol, leur ancien orateur,
de venir reprendre leurs siéges, et de continuer leurs fonctions. Ce parlement, qui fut
appelé le *rompt* ou le *croupion*, exerça l'autorité souveraine, forma un conseil d'état,
dont il exclut les officiers généraux ; donna,
pour une année, le commandement des troupes à Floword, et délibéra que toutes les
commissions seroient signées par les communes. L'armée réclama contre cette usurpation de pouvoir, les royalistes surent profiter de cette division entre la puissance
civile et la puissance militaire pour rétablir
l'ancienne constitution de l'état, et pour
détruire toutes ces sectes dont les principes,
également contradictoires, tendoient à perpétuer l'anarchie, et à briser tous les ressorts
du gouvernement et les liens du pacte social.
Les presbytériens modérés se réunirent aux
royalistes : ils ne virent, dans les officiers de
l'armée que des despotes, qui vouloient gouverner le peuple avec une verge de fer, et
dans les membres du parlement que des
tyrans intéressés par principe, et par intérêt à établir un gouvernement olygarchique ;
ils prirent les armes, soulevèrent les pro-

9 *

vinces, parcoururent les campagnes, publièrent des manifestes et des proclamations, et exhortèrent le peuple, en lui présentant le tableau des calamités publiques, de briser ce joug qui l'opprimoit depuis long-tems, et de reconnoître l'héritier légitime de ses rois. Charles étoit arrivé secrètement à Calais où il attendoit des troupes que Louis XIV lui avoit promis. Lambert combattit les royalistes, les vainquit et les dispersa. L'armée triomphante s'occupa à détruire le pouvoir civil pour conserver et étendre la puissance militaire. Lambert se rendit au parlement, en fit fermer les portes. Tout étoit fureur, anarchie, usurpation ; il n'y avoit ni chef, ni assemblée nationale pour régler l'administration publique. Chacun se demandoit où résidoit l'autorité. Cette crise violente sembloit annoncer la dissolution du corps politique : la contre-révolution étoit inévitable.

Enfin, on créa une espèce de tribunal civil et militaire, composé de vingt-quatre membres vendus et payés d'avance : ils furent déclarés les représentans du peuple, et revêtus de l'autorité souveraine : on donna à ce tribunal le nom de comité de sûreté. Lambert, créateur de ce conseil en dirigeoit les opérations, et s'étoit placé à la tête de l'administration publique ; mais Monck, son rival, se déclara le défenseur du parlement, et protesta contre les actes de violence et d'usurpation de ce conseil. Monck, cachoit des vues profondes, et méditoit une grande révolution : il enveloppoit ses projets sous le voile du mystère, toutes ses démarches, toutes ses actions tendoient même à persuader qu'il vouloit établir un gouvernement démocratique : il annonçoit des principes républicains, et entretenoit une correspondance secrète avec ces sectaires qui vouloient détruire cette tige antique, dont les rameaux sembloient ombrager l'Angleterre. En sa qualité de lieutenant-général en Ecosse, Monk commandoit une armée considérable. Il annonça qu'il étoit prêt à venir à Londres pour rétablir la paix et pour défendre les lois. Alors il se forma une confédération puissante : la plus grande partie de la nation se rallia autour du parlement, qui, désormais assuré d'une force supérieure, s'assembla de sa propre autorité, et bravant à son tour le général Lambert, donna à l'armée des ordres qui furent exécutés.

Cependant Monk s'approchoit de Londres; le clergé et la noblesse volèrent au devant de lui, le conjurèrent de rétablir l'ancienne constitution, et d'élire un parlement composé des citoyens amis de l'ordre, de la paix et de la justice. Monk parut écouter avec froideur ces prières et ces supplications ; cet homme, habile dans l'art de l'hypocrisie et de la ruse, méditoit l'exécution de ses grandes entreprises. Il se présenta au parlement les armes à la main, et lui annonça que le peuple desiroit qu'on rappela ces anciens membres du parlement que Cromwel avoit destitués lorsqu'il fut question de faire le procès à Charles. Le parlement refusa de délibérer sur cet objet, et ordonna à Monk d'enlever les chaînes et les poteaux des rues, et de briser les herses et les portes de la ville. Monk obéit à cet ordre ; cette prompte soumission excita les murmures et les méfiances : on soupçonna qu'il aspiroit au protectorat : les royalistes consternés perdirent tout espoir ; mais Monk sut bientôt calmer ces alarmes, ces inquiétudes, et dissiper les soupçons que sa conduite avoit fait naître ; il déclara avec fermeté au parlement, que le salut du peuple exigeoit qu'on rappelât l'ancien parlement ; il parla en médiateur et en maître : il fallut obéir à la force armée. Le parlement prononça sa dissolution, et donna des ordres pour la convocation d'un nouveau. Il envoya des confidens et des coopérateurs dans toutes les provinces pour instruire et consoler le peuple.

Sans doute il étoit du devoir de Monk de fermer la source de ces divisions intestines qui déchiroient l'état, et le précipitoient vers sa dissolution. Il pouvoit rétablir la paix et l'ordre public, enchaîner toutes les factions, et se servir de la force militaire pour donner aux lois leur vigueur, pour réunir toutes les parties éparses de l'administration, pour faire jouir le peuple d'une heureuse et salutaire réconciliation, pour faire rentrer la nation dans tous ses droits, et pour établir une constitution fondée sur les véritables principes du contrat social. Il devoit inviter le parlement à convoquer une convention nationale pour régler et fixer la forme du gouvernement, et pour créer des lois conformes au génie, aux mœurs, au caractère et à la situation du peuple anglais; il devoit protéger la liberté des suffrages, et faire ensuite respecter, par la force des armes, les vœux, les ordres et la volonté nationale; alors Monk eût été placé au rang de sauveur de la patrie et du bienfaiteur de l'humanité.

On procéda dans tous les comtés à l'élection des membres qui devoient former le nouveau parlement ; à peine fut-il assemblé, que Monk lui envoya un message de Charles, avec des lettres et un édit où ce prince promettoit une amnistie générale, la liberté des consciences et le maintien de l'ancienne constitution. Les pairs du royaume reprirent leurs fonctions, et les deux chambres se réunirent pour ordonner la publication du décret qui annonçoit au peuple que Charles alloit monter sur le trône britannique. La tyrannie de Cromwel, les usurpations de l'armée, les crimes des parlemens, les factions des sectaires, les intrigues de la noblesse et du clergé opérèrent cette nouvelle révolution : la nation opprimée et malheureuse, fatiguée de ces dissensions intestines qui épuisoient son sang et ses trésors, crut voir dans la restauration de la monarchie un asyle contre l'oppression et la misère. Dans cet état d'épuisement et de langueur, elle eût préféré un esclavage réel à cette indépendance orageuse, source éternelle de calamités et de crimes. Elle avoit perdu sa force et son amour pour la liberté, et n'entendoit point le bruit des chaînes destinées à l'asservir.

An 1660.   Charles II fut proclamé roi ; le peuple se livra à des transports si vifs, qu'ils dégénérèrent en délire : l'allégresse, les fêtes, les plaisirs succédèrent à la mélancolie sombre des fanatiques, aux passions et à la haine des sectaires. Charles réunissoit aux graces de la figure, les talens doux et aimables de l'esprit ; éloigné par caractère et par principe de l'intolérance religieuse et civile, il composa son conseil de royalistes et de presbytériens. Mylord Clarendon, citoyen vertueux, politique habile, historien philosophe, fut créé chancelier et premier ministre. Charles convoqua le parlement, et, de concert avec Monk qu'il créa pair et qu'il combla de ses bienfaits, s'occupa à détruire les factions, à rétablir l'ordre dans toutes les parties de l'administration, et à guérir les plaies profondes de l'etat. Charles viola bientôt ses sermens ; une politique ombrageuse et féroce lui conseilla ce parjure. Cette violation étoit un attentat contre la justice et contre la foi publique. Malgré la déclaration de Breda, où ce prince avoit accordé un pardon général à tous ceux qu'il regardoit comme coupables, il livra au glaive du bourreau plusieurs citoyens qui devoient jouir des bienfaits de l'amnistie proclamée. Harison, Scoct, Carew, Clément, Axtel, qui avoient prononcés l'arrêt de mort contre Charles Ier., Hacker, qui commandoit le jour de l'exécution du roi, Coke, procureur-général de la nation, et Peters, prédicateur fanatique, furent immolés à ses mânes, et périrent sur des échafauds; on exerça sur les cadavres de Cromwel, d'Ireton et Bradhaw toutes les fureurs de la vengeance; leurs biens furent confisqués. Le parlement fixa ensuite les revenus du roi, accorda des subsides et augmenta les revenus de la couronne.

Cet esprit de faction et de licence qui avoit si long-tems bouleversé l'état, sembloit vouloir renaître de ses cendres, et ouvrir de nouvelles sources de malheurs et des dissensions intestines; malgré les événemens nouveaux et intéressans qui s'offroient à l'attention publique, et qui pouvoient faire une diversion momentanée, le parlement, dirigé par quelques membres attachés aux maximes du presbytéranisme, élevoit une voix alarmante; il parloit déjà de privilége, de liberté, d'insurrection. Le conseil délibéra de le dissoudre avant que cet esprit d'indépendance fît des progrès. L'armée, composée de ces saints vétérans, qui depuis tant d'années ébranloient les fondemens de l'état, s'agitoit pour renverser la monarchie naissante, et pour établir un gouvernement militaire; il fallut disperser des élus si redoutables ; cette armée fut congédiée. Charles fut redevable de toutes ces mesures fermes et prudentes qu'il prit au commencement de son règne, aux lumières et à la sagesse de Clarendon.

Le presbytéranisme ne pouvoit point exister dans un état monarchique ; le rétablissement de la royauté devoit entraîner la dissolution de cette secte, toujours active pour combattre l'autorité des rois, et toujours intéressée à propager la doctrine insensée de l'égalité dans les fortunes et dans les propriétés. La restauration de l'épiscopat parut nécessaire pour défendre les droits du trône ; les évêques anglicans, persécutés, interdits, exilés, rentrèrent dans leur patrie, dans la possession de leurs bénéfices, dans l'exercice de leurs fonctions sacerdotales et de leur jurisdiction religieuse. Des théologiens furent nommés pour examiner la lithurgie ecclésiastique, et la délivrer de tous ces actes superstitieux qui l'infectoient. Le presbytéranisme tomba dans son obscurité primitive. Les lumières de la philosophie ont détruit cette secte ; elle n'a plus d'existence politique. Quelques sectaires, qui restent encore, se contentent de faire un commerce avec les juifs : ce n'est que par le mépris et le dédain qu'on parviendra à détruire les sectes qui s'établissent dans l'état. Si le gouvernement les persécute, cette persécution multipliera ses prosélytes, et produira ce fanatisme qui ne pût être éteint que dans des flots de sang. Si les chefs de ces sectes troublent l'ordre social, il faut les enchaîner, leur ôter cette liberté, dont ils font un si coupable abus, et les transporter dans des régions sauvages pour arrêter le poison de leur doctrine, et en préserver les sociétés policées.

Le gouvernement fut pénétré de cette grande vérité, qu'il falloit réunir à la législation et à la politique un système religieux. Un peuple sans religion n'a ni mœurs, ni morale, ni liberté : la religion affermit l'ordre social, et imprime aux lois un caractère de vérité, de force, de grandeur, puisqu'elle en recommande aux peuples la soumission, et qu'elle leur ordonne d'obéir aux puissances qui exercent l'autorité. La religion est la base des mœurs publiques, la consolation des malheureux, le pacte de Dieu avec l'homme, et, pour nous servir d'une expression d'Homère, la chaîne d'or qui suspend la terre au trône de la divinité. Tous les législateurs de l'antiquité donnèrent pour base à leur constitution une religion et un culte public ; les préceptes religieux firent une partie de la religion nationale. Tous ceux qui ont lu avec attention l'histoire, sont instruits que, chez toutes les nations qui ont successivement disparu de la surface de la terre, les vices et la corruption ont pris naissance, et fait leurs progrès funestes en proportion du mépris des opinions religieuses. Lorsque les Romains commencèrent à mépriser leurs dieux et leurs oracles, ils perdirent leurs vertus, et ne respectèrent plus la foi des traités et des conventions. Les législateurs de l'antiquité ne se sont pas bornés à établir des préceptes religieux, ils y ont joint des cérémonies, et ont attaché à leur pratique la même conséquence que celle des préceptes, parce qu'ils pensoient qu'il faut ramener à la réflexion par les sens, et que les cérémonies de la religion sont les plus fermes appuis de ces préceptes. Chez les nations qui habitent aujourd'hui l'Europe, où la masse du peuple, forcée de travailler constamment pour vivre, ne peut pas acquérir une grande instruction morale. Les préceptes religieux sont indispensables parce qu'ils contiennent en peu de mots tous les devoirs de l'homme envers son semblable

parce qu'ils ordonnent le respect et l'obéissance aux lois : ôtez à ces peuples leur culte
public, ils oublieront bientôt les préceptes
religieux et ceux de la morale qu'ils contiennent : les passions n'auront plus de frein
et la loi sera toujours insuffisante pour les réprimer. Le code des lois le plus sage et le
plus complet, ne peut pas atteindre toutes
les actions coupables : il ne peut commander
ni au sentiment, ni à la volonté; la crainte
des lois peut empêcher un homme de commettre publiquement un crime, mais elle
ne lui suffira point pour lui inspirer l'amour
de la vertu.

Les législateurs anciens, pour donner à
leurs lois une sanction plus redoutable, leur
donnoit une religion divine. Ils annonçoient
aux peuples qu'ils avoient une communication immédiate avec les dieux. Minos alloit
tous les neuf ans, au rapport d'Homère, dans
l'antre de Jupiter, et il persuadoit aux Crétois que dans ce lieu sauvage le maître du
ciel lui inspiroit les lois qu'il leur donnoit. Zulmokis en Thrace, Zaleucus chez
les Locriens, Amasis chez les Egyptiens ;
Rhadamante chez les Crétois, Triptolème
chez les Athéniens, Zoroastre chez les Bac-
triens, Zuthraustre chez les Arimusphes,

Pythagore chez les Crotoniates, Lycurgue chez les Spartiates, Romulus et Numa chez les Romains, Thor et Odin chez les Visi-goths, Mahomet chez les Arabes, et Gengiskan chez les Mogols voulurent faire descendre du ciel les lois qu'ils donnèrent à leurs peuples. Ces législateurs étoient pénétrés de cette nécessité d'unir la religion à la politique, à la législation et au gouvernement.

On procéda à l'élection d'un nouveau parlement : ce sénat, dit un historien, sembla vouloir faire amende-honorable au fils des outrages qu'il avoit fait au père. Il se rendit le vil instrument du despotisme, en consacrant des principes subversifs de tout pacte social. Il déclara l'inviolabilité des rois, étendit les anciennes prérogatives de la couronne et affoiblit les priviléges du peuple en annullant par ses décrets les articles les plus essentiels de la grande chartre. Charles fut associé à la puissance législative, et revêtu de la plénitude du pouvoir exécutif ; il fut maintenu dans le droit de nommer à tous les emplois civils, militaires et religieux ; il fut nommé le chef de l'armée et de la force publique, et il fut institué pontife suprême de de la religion. Il survint précisément dans ce tems un événement qui, peu considérable

en lui-même, ne laissa pas que d'être important, en ce qu'il servit de prétexte au roi
pour suspendre la promesse qu'il avoit faite
de permettre l'exercice de toutes les religions.
Ce prince ne vouloit point persécuter les catholiques ; il savoit que cette religion prescrit aux peuples l'obéissance et la soumission.
Mais il vouloit anéantir toutes ces sectes qui
avoient corrompu l'opinion publique et a-
voient fait de l'Angleterre un théâtre sanglant de proscriptions et d'assassinats.

Pendant que Charles s'occupoit à établir
dans ses états l'ordre et la paix, un nommé
Vanner, de la secte de millénaire, entra
dans Londres à la tête de soixante mille fanatiques armés pour en prendre possession au
nom de Dieu qu'il proclama roi dans la place
publique. Ayant demandé à un malheureux
qui étoit sur son passage, de quel parti il
étoit, il répondit : *Vive le roi Charles*, et à
l'instant il fut massacré ; on envoya contre
ces forcenés quelques soldats qu'ils repous-
sèrent avec autant d'intrépidité qu'ils se
croyoient intrépides. Enfin les rebelles furent
vaincus et dispersés ; ceux qui échappèrent
au carnage furent punis de mort : ils volèrent
au martyre avec allégresse, témoignant leur
surprise de voir leur gédeon pendu à un gibet.

on feignit d'être infiniment alarmé de cette conspiration : on en exagéra les dangers pour pouvoir détruire tous les sectaires , qu'on regardoit comme les ennemis de l'autel et du trône. Ce fut peu de tems après cet événement que Charles épousa Catherine de Portugal. Clarendon s'opposa à cette alliance : le roi ne consulta point dans cette union le sentiment de son cœur. Cette princesse avoit les vertus de son sexe , mais elle étoit privée de ces charmes qui captivent et enflamment les sens. On ne pouvoit point concevoir les motifs qui engageoient Charles à surmonter tant d'obstacles réunis , et comment sur-tout après la destinée terrible de son père , il ne redoutoit point d'épouser une princesse catholique. A sa mort, Charles déchira ce voile mystérieux , et fit connoître ses motifs secrets , en rendant ses soupirs dans le sein de l'église romaine.

Cromwel avoit senti qu'il falloit à l'Angleterre , pour s'agrandir et dominer , des ressources extraordinaires en argent , afin de suppléer à l'insuffisance de sa population et de soudoyer des troupes allemandes ; il fit en conséquence avec le Portugal un traité de commerce que Charles renouvela : exemple remarquable de la politique d'une nation qui suit son but avec une persévérance égale sous les usurpateurs ou les princes légitimes, lorsqu'ils donnent les uns et les autres une impulsion favorable à la prospérité publique. En Écosse l'autorité royale fut reconnue solemnellement : cette nation avoit été égarée et séduite par le fanatisme presbytérien et par les factions des grands. Le parlement révoqua toutes les lois qui avoient été rendues depuis le commencement de la guerre ; annulla ce *fameux convenant*, qui étoit devenu comme le signal du carnage, et un monument de destruction et de mort. L'original de cette loi funeste fut lacéré dans les trois royaumes, et brûlé par la main du bourreau, l'épiscopat fut rétabli ; le marquis d'Argyle, qui avoit fait périr Montrose, fut condamné à mort. Henri Vanne périt sur l'échafaud, et Lambert, ce général aussi vain qu'ambitieux, fut exilé à Guernesey, où il finit ses jours dans la misère et l'obscurité. Un ministre, nommé Gothri, fut pendu pour avoir prêché, il y avoit dix ans, contre le despotisme de Charles Ier. Govan, fut exécuté pour avoir servi dans l'armée républicaine ; Johstonne de Wariston dont le seul crime étoit d'avoir été un instant membre de la chambre haute, formée par Cromwel, fut puni de mort ; Berksteud, Cobbet et Okey, juges de Charles Ier., furent arrêtés en Allemagne, conduits à Londres, et périrent sur un échafaud.

L'édit d'uniformité fut exécuté avec rigueur. Cependant les catholiques, que le roi protégeoit, furent opprimés ; le comte de Bristol, qui avoit embrassé le catholicisme, se déclara leur défenseur, et comme il crut que Clarendon étoit leur persécuteur, il le calomnia auprès de Charles. La duchesse de Cumberland, maîtresse du roi, qui avoit tous les vices de son sexe, détestoit mortellement ce ministre, incapable de flatter son avarice, sa vanité et ses débauches. Clarendon fut accusé de trahison : les pairs rejettèrent cette accusation ; cependant le crédit du chancelier diminuoit : son caractère austère, son attachement aux principes de la liberté devoient nécessairement déplaire à un prince voluptueux, prodigue et jaloux de son autorité.

Charles avoit passé sa jeunesse dans des cours où le catholicisme étoit la religion dominante. Les sollicitations de la reine mère et du duc d'York, son frère, lui avoient inspiré un penchant secret pour cette religion. Ce prince ne cessa de protéger les catholiques : il vit que ces infortunés seroient les premières victimes de cet édit d'uniformité, qui faisoit revivre la sévérité des lois pénales contre les non-conformistes, en conséquence Charles fit publier une proclamation qui mitigeoit cette loi de rigueur : il annonça qu'il se serviroit de sa puissance et de son crédit auprès du parlement pour l'engager à ne point persécuter ceux de ses sujets qui, sans scandale, continueroient l'exercice de leur culte particulier. Les gouvernemens doivent tolérer toutes les sectes, lorsqu'elles ne troublent point l'ordre public ; les sectaires qui obéissent aux lois doivent jouir des droits de la cité. La liberté du culte doit détruire cet empire de la superstition qui a fait des plaies si sanglantes à l'humanité : que le catholique ait ses églises, le protestant ses temples, le juif ses synagogues, l'indien ses pagodes, le musulman ses mosquées, l'état social ne sera point troublé par ces dissensions religieuses qui enfantent les haînes et l'intolérance. Le dieu de la nature aime et reçoit les hommages, les vœux et les prières des hommes de tous les climats, de toutes les religions. L'habitant des bords du Nil et du Gange lui est aussi cher, et aussi précieux que le prêtre qui est assis sur le trône pontifical ; il est le père de tous , comme tous sont ses enfans et ses héritiers. Ah! si ces principes de l'ordre social , si ces maximes de l'humanité et de l'évangile eussent été connus et annoncés par des apôtres de paix et de consolation , la terre n'auroit pas été couverte de crimes et arrosée de sang humain : on n'auroit vu ni esclaves , ni tyrans , ni oppresseurs , ni victimes. Les hommes, unis par les liens de l'amour et de la bienfaisance , auroient été libres , heureux ; et la nature , en embellissant leur séjour de toutes les beautés de la création , auroit multiplié leurs plaisirs , leur jouissance , et Dieu ne se seroit point repenti de les avoir créés.

Cet acte de justice et d'humanité, proclamé par Charles , excita la haine et le fanatisme du parlement. Loin de seconder les vues bienfaisantes du roi, ce sénat montra plus d'obstination que jamais à établir la plus stricte uniformité. Les ministres s'élevèrent avec force contre ce système d'intolérance : ils firent ensuite remarquer à Charles l'extrême parcimonie avec laquelle les communes affectoient de lui accorder des subsides : ils lui dirent que c'étoit ainsi que , sous le règne de son père , elles avoient commencé à manifester un esprit de révolte et d'usurpation ; ils conseillèrent au roi de s'environner de la force militaire , et de prendre les mesures les plus promptes et les plus vigoureuses pour réprimer les factions et les entreprises de ce corps inquiet et séditieux. Avant de nous occuper de ces nouvelles révolutions, il faut examiner rapidement les opérations militaires , et faire connoître la situation où Charles se trouvoit à cette époque. Tout est intéressant dans l'histoire d'un prince qui est parvenu à remonter sur le trône de ses pères , et qui, pendant tout le cours de son règne, a travaillé à maintenir une ancienne constitution que des hommes puissans et factieux vouloient encore renverser , pour rouvrir les sources des calamités et des horreurs de la guerre civile , et conduire le peuple à l'esclavage par la tyrannie et l'anarchie.

Les finances de l'état étoient épuisées par les prodigalités de Charles ; pour les réparer, il vendit Dunkerque aux Français , et forma le projet d'attaquer la Hollande. Cette alliance qui subsistoit depuis soixante ans entre l'Angleterre et les Provinces-Unies , et qui étoit nécessaire pour arrêter les conquêtes de Louis XIV , et mettre un frein à l'ambition de ce monarque , fut rompue. Charles déclara la guerre aux Hollandais, sous le pretexte qu'ils s'étoient emparé dans les Indes-Orientales de deux vaisseaux anglais. Le duc d'York, génie actif et hardi, ennemi de la Hollande par religion et par politique, ordonna, en sa qualité de grand-amiral, à Robert Holmes, d'attaquer sur les côtes de Guinée les établissemens hollandais. Holmes s'empara de quelques vaisseaux marchands, et de là, faisant voile pour l'Amérique, il fit la conquête de la nouvelle Hollande, depuis appelée la nouvelle York. Le fameux Ruyter partit pour l'Afrique, et chassa les anglais de leurs anciens comptoirs : le duc d'York mit à la voile avec une escadre, et s'empara de plusieurs vaisseaux hollandais. Une flotte anglaise partit des ports britanniques pour faire la conquête de Tabago : elle rencontra l'escadre hollandaise, qui devoit s'opposer à cette expédition. Le combat s'engagea dans la rade même de l'île, qui devint fameuse par cette action mémorable, dans un siècle fécond en grands événemens.

Le parlement accorda des subsides pour continuer la guerre contre la Hollande. Charles étoit habile dans l'art de la marine ; il eût été un grand guerrier, s'il n'eût été subjugué

par la mollesse et énervé par la débauche.
Les deux puissances équipèrent des flottes
considérables ; il se livra un combat sanglant
où le duc d'York et Hopdam , amiral des
Hollandais , firent des prodiges de valeur.
Charles déclara ensuite la guerre au Danemarck et à la France qui s'étoient ligués avec
la Hollande. Le commandement de la flotte
anglaise fut confié au prince Rupert et au
duc d'Albermale : celle des Hollandais étoit
commandée par Ruyter et Tromp ; le combat
s'engagea. L'histoire offre peu de batailles
aussi mémorables ; on combattit pendant
quatre jours avec une valeur féroce. Ruyter
fut vaincu et sa flotte dispersée ; mais sa retraite savante et hardie fut pour lui un triomphe qui fixa l'admiration de l'Europe. Malgré
les succès brillans des Anglais, et les défaites
multipliées des Hollandais, Charles demanda
lui-même la paix ; les finances de l'état étoient
épuisées et les troupes n'étoient point payées ;
on convint que le congrés seroit fixé à Breda.
Malgré ces négociations, Ruyter partit avec
une escadre, pénétra dans la Tamise, brûla
quelques vaisseaux anglais , s'avança jusqu'aux portes de Londres, et jeta l'épouvante
et la terreur dans cette capitale : enfin la
paix fut conclue à Breda. Les communes ac-

cusèrent Charles d'avoir avili la nation par une paix humiliante, et lui reprochèrent ses débauches, ses prodigalités et son attachement pour la religion catholique.

La duchesse de Cumberland et le comte de Bristol renouvelèrent leur accusation contre Clarendon; Buckingham, homme sans mœurs et sans probité, se rendit son délateur. Charles redoutoit l'austérité des principes de ce ministre, il souffroit impatiemment un censeur fidèle et vertueux qui ne cessoit de lui reprocher en particulier le scandale de sa vie et la corruption de ses mœurs. Cette inflexible fermeté à combattre les vices du prince fut regardée comme une hardiesse qu'il falloit punir. Le roi se rendit coupable d'ingratitude et d'injustice; Clarendon fut dépouillé des sceaux, malgré les prières du duc d'York, et Charles le livra aux communes, qui le condamnèrent à un exil perpétuel. Ce ministre se retira en France, où il termina sa vertueuse carrière dans l'étude de l'histoire et de la philosophie.

La France, long-tems déchirée par des factions intestines, commençoit à reprendre la gloire de son nom et de ses armes : les grands vassaux réprimés, les parlemens humiliés, les protestans subjugués, une administration brillante et heureuse présentoit

An 1664.

un spectacle de grandeur et de prospérité. Louis XIV étonnoit et faisoit trembler l'Europe par ses conquétes et ses triomphes ; il avoit dompté la plus grande partie de la Flandre autrichienne, et déjà, à l'exemple de Charles V, ce roi ambitieux méditoit le projet chimérique et insensé de monarchie universelle. Jamais un monarque ne soumettra l'Europe sous sa domination : ce miracle n'appartient qu'aux républiques ; parce que le peuple prend les armes, combat, parcourt les contrées en conquérant et en triomphateur, pour montrer sa force, sa puissance et pour présenter aux autres nations les bienfaits de cette liberté dont il est enthousiaste avec idolâtrie. La république romaine conquit l'univers ; les conquêtes d'Alexandre furent rapides et brillantes, mais bornées après sa mort ; ses états furent partagés, et les successeurs du roi de Macédoine ne recueillirent aucun fruit de ses victoires et de ses travaux guerriers.

Charles convoqua le parlement pour lui annoncer qu'il avoit déclaré la guerre à la France ; il ne pouvoit rien faire de plus agréable à la nation, ni même de plus utile à ses intérêts ; cependant les communes lui refusèrent les subsides nécessaires pour équiper une flotte et fortifier les villes maritimes du royaume. Elles présentèrent une adresse au roi, pour réclamer l'exécution des lois rendues contre les catholiques et les non-conformistes. Cinq ministres se réunirent et formèrent une ligue pour s'opposer aux entreprises du parlement et pour affermir sur des fondemens inébranlables la constitution de l'état. Cliffort, génie ardent et profond, Sthabury, homme factieux et féroce, que les dangers et les crimes rendoient plus hardi dans l'exécution de ses projets, Buckingham, usé de débauche et couvert de la haine publique, Arlinghon, redoutable par ses vices et ses talens, Landerdale, insolent avec ses inférieurs, abject devant ses maîtres, homme pervers et politique rusé, formoient cette confédération qui fut désignée sous le nom de *cabale*, parce que les lettres initiales des noms de ces cinq ministres composent le mot anglais *cabal*. Ces ministres représentèrent au roi qu'il étoit tems de s'affranchir de ce joug humiliant que les communes vouloient lui imposer; que sa propre sûreté, sa gloire et l'intérêt du peuple exigeoient cet effort de grandeur et d'autorité, et qu'il n'y avoit qu'un monarque puissant tel que Louis XIV qui pût le défendre contre les usurpations d'un sénat factieux. Charles ne vit point que

son père avoit été abandonné par la France,
malgré l'alliance du sang et les intérêts de la
politique, que l'autorité de Cromwel avoit
été reconnue par cette puissance, et que lui-
même, malgré ses prières et ses larmes,
n'avoit jamais pu engager Louis XIV à lui
donner des forces suffisantes pour l'aidér à
conquérir le trône. Cependant Charles écouta
les conseils de la *cabale*, et les conférences furent ouvertes avec l'ambassadeur de France.
Louis XIV qui avoit vu avec inquiétude la
triple alliance, sut mettre à profit cet esprit
d'erreur et de délire qui égaroit le cabinet
de Londres, pour employer les forces anglaises à l'aidér à conquérir la Hollande. Ce
prince fit passér en Angleterre la duchesse
d'Orléans, sœur de Charles, épouse de Mon-
sieur, frère de Louis XIV ; elle fut accom-
pagnée de Kerovet, jeune personne ornée des
graces de la nature, qui parvint par ses charmes et par ses artifices à captiver le monarque
anglais. La duchesse d'Orléans, femme intri-
gante et adroite, employa l'ascendant qu'elle
avoit sur son frère pour l'engagér à s'unir par
un traité avec la France ; elle réussit dans
cette négociation, et la perte de la Hollande
fut décidée au milieu des plaisirs et des fêtes.
Les dépouilles de cette république qu'on de-

voit détruire étoient partagées entre les cours de France et d'Angleterre. Les bruits de cette alliance commençoient à se répandre ; mais l'Europe les écoutoit en silence : l'empereur, occupé des séditions de la Hongrie, la Suède, endormie par des négociations, l'Espagne, toujours foible, toujours irrésolue et toujours lente, laissoient une libre carrière à l'ambition de Louis XIV. La Hollande étoit divisée en deux factions ; la première, des républicains rigides qui vouloient que la nation exerçât la plénitude de l'autorité ; l'autre, des républicains mitigés, qui vouloient conserver au jeune prince d'Orange, si célèbre depuis sous le nom de Guillaume III, le pouvoir exécutif et la suprême magistrature. Le grand-pensionnaire Jean de With et Corneille son frère, étoient les chefs des défenseurs ardens de la liberté ; mais le parti du jeune prince commençoit à prévaloir. La république, plus occupée de ses dissensions que de son danger, prépara elle-même sa ruine, et ce fut au milieu de ces factions que Louis XIV fit la conquête de la Hollande.

L'alliance de l'Angleterre avec la France étoit si contraire aux intérêts de la nation, qu'elle en témoigna publiquement sa surprise et son mécontement. Dans le même tems, le duc d'York abjura la religion protestante entre les mains du jésuite Simon, et annonça solemnellement qu'il étoit catholique romain. Cette déclaration imprudente de l'héritier présomptif de la couronne en faisant naître des craintes pour l'avenir, confirma celles qu'avoit donnée la proclamation de l'édit de tolérance. On crut voir dans l'abjuration du duc d'York, et dans l'alliance avec la France une conspiration formée eontre la religion de l'état et contre la liberté publique.

Les opérations politiques qui suivirent cette négociation avec la France, déjà si alarmante, augmentèrent les murmures et les craintes du peuple. Charles réprit son premier projet d'abolir les lois pénales rendues contre les conformistes : il publia un second édit de tolérance générale, et rétablit le conseil de guerre, qui avoit été supprimé par les nouvelles institutions. Le roi exerçoit les droits de l'autorité sans opposition et sans résistance, parce qu'il ne cessoit de proroger les parlemens qui attaquoient son administration, et qui s'occupoient à détruire la constitution pour y substituer un gouvernement démagogique. Il

faut croire que si la situation de ses finances eût pu seconder ses dispositions am-
bitieuses, il eût suivi le système politique de
Henri VIII et d'Elisabeth, en exerçant un
despotisme absolu; mais l'impuissance où il
étoit par les lois constitutionnelles à lever
les impôts annuels sans la sanction du parlement, resserroit les bornes de son pouvoir,
et formoit une barrière qui s'opposoit à l'exercice de la plénitude de la souverainete. Charles
avoit besoin des subsides pour fournir à ses
plaisirs, à son faste, à ses prodigalités, et il
ne pouvoit en obtenir qu'en convoquant le
parlement. Les ministres proposèrent au roi
un de ces expédiens qui, en prouvant l'habileté du génie fiscal et calculateur, viole en
même tems la foi publique, anéantit le crédit
national et outrage les lois éternelles de la
justice et de la morale; l'échiquier destiné à
recevoir en dépôt l'argent des riches particuliers, fut fermé; les paiemens des ban-
quiers furent suspendus : Charles s'empara
des sommes qui étoient contenues dans l'échiquier. Lorsqu'un gouvernement usurpe les
propriétés des citoyens, l'on peut dire que
l'état est prêt de sa dissolution, et que cette
violation des droits les plus sacrés produira
la corruption des mœurs publiques, et de-

viendra la cause et le prétexte des malheurs, et des déchiremens qui bouleverseront le corps politique. La guerre fut déclarée à la Hollande ; l'escadre anglaise, commandée par le duc d'York, eut ordre de se réunir à la flotte française, dont le commandement avoit été confié au maréchal Destrées ; l'escadre hollandaise étoit commandée par Ruyter ; il se livra un combat sanglant : la victoire resta indécise. On prétend que le maréchal Destrées reçut l'ordre secret d'agir avec lenteur et de laisser les flottes hollandaise et anglaise s'affoiblir et se détruire.

Charles, après avoir épuisé les ressources de la fiscalité et employé ces moyens violens et injustes qui jetèrent Londres dans la consternation, fut forcé de convoquer le parlement. Il parla dans un long discours de son zèle et de son attachement pour la religion de l'état, s'étendit sur les dépenses qu'entraîne une guerre longue et meurtrière, prouva les avantages et la sagesse de son édit de tolérance, et demanda de nouveaux subsides. Les communes reprochèrent au roi d'avoir violé les droits du peuple, et refusèrent les subsides jusqu'après la révocation de l'édit de tolérance. La cabale exhorta le roi à soutenir avec fermeté son autorité, à se mettre

à la tête d'une armée, de déployer l'étendard
de la guerre, et de faire arrêter les membres
des communes qui avoient voté dans cette
délibération : heureusement les conseils de
ces ministres perfides furent rejetés ; Charles
fut trop prudent et trop sage pour ouvrir ces
sources d'une guerre civile qui auroient peut-
être ensanglanté le trône. Entraîné par les
séductions de ses maîtresses, par les conseils
de la cour de France et par l'indolence de son
caractère, il reçut la loi que les communes lui
imposèrent ; en conséquence il révoqua l'édit
de tolérance, et en brisa lui-même les sceaux :
ses défenseurs regardèrent cet acte de prudence et de la nécessité comme l'ouvrage de la
foiblesse et de la lâcheté. Statbury quitta le
ministère, et devint un ennemi forcené qui,
dans sa rage frénétique, ne médita que des
crimes et des conspirations. Les communes
passèrent ensuite le fameux bill du *test*, qui
soumettoit les fonctionnaires publics à renoncer à la suprématie du pape, et à abjurer la doctrine de la transabstantion. Plusieurs ministres donnèrent leur démission,
et le duc d'York quitta sa charge de grand-
amiral : les hostilités recommencèrent contre
la Hollande ; où, après quelques pertes et
quelques succès, on ouvrit les conférences

de paix à Cologne, sous la médiation du roi
de Suède.

Le parlement s'opposa au mariage du duc
d'York avec une princesse de Modène : il
ordonna, comme dans un tems de calamité,
un jeûne général ; demanda la suppression
de la garde du roi et l'expulsion des ministres.
Charles prononça la dissolution de ce parlement ; mais le nouveau, qui fut convoqué,
suivit les mêmes principes, et manifesta les
mêmes dispositions : il demanda au roi de
rappeler les troupes qu'il avoit au service de
la France, fit quelques réglemens qui tendoient à affoiblir l'autorité royale, et accorda ensuite des subsides avec quelques
modifications ; de nouveaux besoins exigèrent de nouveaux sacrifices. On a détaché
Charles de l'alliance de la France ; on l'a
forcé de cesser d'être l'instrument merce-
naire de la grandeur de cette puissance ; mais
si le roi demande encore des subsides, il
faut qu'il se ligue avec la Hollande et l'Espagne pour combattre Louis XIV. Charles
fit une alliance avec ces deux puissances,
et ce qui paroît inconcevable, c'est qu'à
peine on eût fait des armemens et sur terre
et sur mer, que le parlement, inquiet de
voir son roi à la tête d'une armée, demanda

qu'elle fût licenciée, de sorte que, faute de
fournir le contingent convenu réciproque-
ment par les puissances liguées, l'Angleterre laissa signer le traité de Nimègue, où
Louis XIV donna la loi en vainqueur, et
réunit à son empire de vastes et fertiles
provinces. Cependant il étoit de l'intérêt de
la Grande-Bretagne de s'opposer à l'ambition et aux conquêtes de Louis XIV, et de
défendre cette balance politique qui coûta
ensuite tant de sang pour la rétablir. Charles
se plaignit, et accusa le parlement d'avoir
avili la nation. Le parlement voulût se justifier en dénonçant le roi comme l'oppresseur de la liberté publique, l'ennemi du peuple, et comme l'auteur des dissensions qui
déchiroient l'état. Nous entrons encore dans
le détail d'extravagances incroyables. Qu'il
est pénible pour nous de ne présenter que
le tableau des meurtres, des crimes et des
usurpations! Dans cette triste et doulou-
reuse situation, nous n'avons point la consolation d'offrir le spectacle de quelques
vertus publiques. Il semble que la nature,
dans ses décrets rigoureux, ait condamné
l'homme à être malheureux au sein des institutions civiles : elle veut le punir de ce
qu'il s'est écarté de ses saintes lois.

Un nommé Titus Vate, anabaptiste converti, né dans la bassesse, élevé dans le vice, et vieilli dans le crime, médita de se venger des jésuites qui l'avoient chassé d'un de leurs collèges : il leur attribua un complot dont la simple exposition devoit en démontrer l'absurdité et l'imposture. Vate instruisit le roi que cette société formoit une conspiration pour lui ôter la vie par un breuvage empoisonné que lui présenteroit le médecin de la reine ; que le pape devoit donner la couronne au duc d'York, et que tout citoyen, qui ne seroit pas catholique romain, seroit égorgé. Charles, qui reçut les détails de cette prétendue conspiration dans un long mémoire, n'y vit qu'un mensonge et une calomnie adroitement concerté ; mais comme malheureusement avant que ce mémoire lui fût parvenu Godfrey, officier de justice, en avoit dressé procès-verbal ; le roi ne pût se dispenser d'en instruire le parlement. Il n'y avoit pas long-tems que le duc d'York avoit épousé une princesse catholique : cette union avoit produit les murmures et excité les haînes. La faction parlementaire, dirigée par Statbury, crut que la découverte de cette conspiration chimérique, et que la mort de Godfrey, qui avoit été assasiné, seroient un prétexte suffisant pour persécuter les catholiques, pour exclure du trône le duc d'York et pour combattre l'autorité royale. Quelque absurde que parut être cette accusation, quelque évidente qu'en fût l'imposture, on barricada les rues ; le parlement ordonna un jeûne général pour la conservation des jours d'un prince qu'il persécutoit, renouvella le serment d'allégeance et de suprématie ; les lords Powis, Straford, Arandel furent envoyés à la tour ; Coloman, secrétaire de la duchesse d'York et plusieurs autres victimes périrent sur l'échafaud ; l'infâme Vate reçut le prix de ses crimes, il fut comblé de biens : on lui donna le nom de sauveur de la patrie. Les communes proposèrent l'exclusion du duc d'York au trône et l'exil de la reine. Charles redouta une révolution ; pour la prévenir, il prononça la dissolution de ce parlement, qui marchoit à grands pas sur les traces de ce long parlement qui, par de semblables moyens, avoit conduit Charles Ier. à l'échafaud, et détruit la constitution de l'état. Le roi avoit éternellement besoin des subsides, et pour les obtenir, il falloit un parlement : il donna les ordres nécessaires pour l'élection d'un nouveau. Les sectaires, dans leur frénésie, n'écoutèrent et ne suivirent que les impressions de leurs vaines terreurs. Ces exécutions sanglantes, dont ils venoient d'être les témoins, au lieu de les attendrir et d'exciter leur compassion, ne servirent qu'à redoubler leur inquiétude et à exciter leur férocité. On crut que la religion de l'état, et la liberté du peuple étoient menacées d'une subversion prochaine. Les presbytériens, animés par Statbury, parcouroient les bourgs et les comtés pour choisir et faire nommer les membres qui devoient composer le nouveau parlement. A peine fut-il assemblé, qu'il reprit l'examen de la prétendue conspiration des papistes : on renouvella l'exclusion du duc d'York et l'exil de la reine. Charles sortit de sa funeste léthargie, et interrompit le cours de ses plaisirs pour s'opposer à ces divisions funestes et sans cesse renaissantes, qui sembloient menacer l'état d'une dissolution prochaine. Charles prit toutes les mesures que lui dicta son conseil ; proposa les expédiens les plus sages pour rétablir la paix publique ; mais tous ses efforts, et toutes ses dispositions pacifiques, ne servirent qu'à enhardir les sectaires et à donner une nouvelle activité à leur haîne et à leurs fureurs. Le roi, après avoir prorogé trois fois le parlement, fut forcé de le dissoudre : il invoqua la justice des lois contre ces agitateurs perpétuels qui vouloient bouleverser l'état, immoler des victimes, et ne s'entourer que de ruines ; il punit ceux qu'il n'avoit pu ramener par la douceur ; il parvint par sa fermeté à détruire cette confédération qui vouloit ramener ce tems de crimes et de confusion, dont le règne de Charles Ier. avoit présenté le triste et sanglant tableau. On regrète que ce prince si propre à tenir les rênes d'un empire divisé, les eut laissé si long-tems flotter au gré des factions pour se livrer à la mollesse et à la volupté.

Charles, pour rétablir l'ordre et la paix, fut forcé de prendre quelques mesures sévères qui répugnoient à son cœur et à ses principes ; il exhorta le duc d'York à sortir du royaume, soit pour le soustraire à la persécution des communes, soit pour leur ôter ce prétexte éternel de jalousie et d'inquiétude affectées : il exclut les catholiques des fonctions publiques, et fit procéder à l'élection d'un nouveau parlement. A peine fut-il convoqué que les communes se hâtèrent de prendre le cours des anciennes accusations, et demandèrent la mort de Dunby Thesaurier, que l'on avoit impliqué dans la terrible conspiration des *papistes*. Le roi mit son ministre à l'abri des poursuites, en vertu de sa prérogative de pardon. Les communes contestèrent ce privilège royal, et établirent le fameux bill d'*habeas corpus*, loi juste et nécessaire pour affermir la liberté publique et pour arrêter l'abus des emprisonnemens arbitraires. Le peuple s'enorgueillit de cette loi ; mais le gouvernement la viole tous les jours : cette violation n'excite ni plainte, ni murmure, tant la nation paroît aujourd'hui oublier ses droits. C'est dans sa profonde corruption qu'elle s'est endormie dans l'esclavage. Les communes rendirent un décret qui excluoit le duc d'York du trône britannique, mais ce décret ne reçut point une sanction légale, parce que les pairs refusèrent de le confirmer. Charles appela à son conseil le chevalier Temple, citoyen vertueux qui, dans les négociations dont il fut chargé, ne consulta que l'intérêt du peuple et la gloire du roi, incapable d'être complice des intrigues des cours et de fomenter des troubles populaires. Ce ministre conseilla à Charles de composer son conseil des membres du parti de l'opposition. Cette mesure politique annonce ou la foiblesse ou la corruption : elle a toujours réussi au gré du parti ministériel.

En Angleterre, la corruption a des ramifi-
cations immenses. Les ministres qui assis-
tent au conseil privé du roi et dirigent l'administration publique, n'ont plus les mêmes
principes et les mêmes opinions qu'ils ma-
nifestoient dans le parlement, comme membres des communes : ils perdent leur popu-
larité et vendent leur conscience pour conserver leur place et la confiance du roi ; dépositaires du secret du gouvernement, ils
redoutent que des réformes et des innovations ne viennent fatiguer le monarque et
ne produisent un nouvel ordre de choses
qui détruise les projets et leurs espérances.
Alors la séduction se répand comme un torrent, et renverse les barrières que la liberté
avoit élevées pour s'opposer aux efforts du
despotisme. Le patriotisme n'existe plus, les
vertus publiques sont anéanties ; le peuple a
perdu ses défenseurs, et ces hommes, qui
avoient combattu pour défendre sa liberté
et ses droits, lui forgent eux-mêmes les
chaînes de la servitude.

Le comte d'Essex, le comte de Scander-
lang, le vicomte d'Halifax, entrèrent au conseil privé ; Statbury en fut nommé président :
mais cet homme inquiet et féroce, qui ne
cessoit de parler et d'admirer Cromwel, con-

tinua à combattre les prérogatives royales, et préféra de dominer au parlement, à gouverner les affaires de l'état. Il s'étoit ligué avec le comte de Montmouth, fils naturel de Charles, et l'avoit flatté que l'exclusion du duc d'York lui assureroit les droits au trône. Ce jeune ambitieux le crut; il conspira contrè son père et contre son roi.

Les nouveaux ministres furent bientôt renvoyés; le parlement continuoit ses complots pour renverser la constitution de l'état. Charles publia un manifeste pour dénoncer à la nation les délibérations des communes, qui, sous prétexte de défendre ses droits, introduisoient dans l'état une anarchie funeste, et détruisoient cette considération politique dont l'Angleterre jouissoit chez les puissances étrangères; il annonça qu'il alloit anéantir cette confédération dangereuse et coupable, par la dissolution du parlement. Ce manifeste fit de profondes et salutaires impressions, et éclaira la nation sur les sentimens et les principes qui dirigeoient les communes : le parti des défenseurs de la constitution s'augmenta et se fortifia. Cette différence d'opinions, de maximes et de prétendus intérêts, divisa à cette époque la nation en deux factions auxquelles l'antipathie et la prévention respectives donnèrent la dénomination que chaque parti crut être la plus infamante pour le parti opposé ; les parlementaires furent appelés *whights*, par allusion à quelques fanatiques écossais qui étoient odieux et distingués par ce mot vîde de sens ; les royalistes reçurent le nom de *torys*, pour désigner quelques catholiques que l'on appeloit ainsi en Irlande. Ces derniers se déclarèrent les amis du roi et les défenseurs des prérogatives de la couronne. Les wights sont aussi prêts à détrôner un monarque qui exerce un pouvoir absolu, qu'à défendre un prince qui respectera les droits du peuple. Le Tory, dit Hume, est un homme qui s'attache à la monarchie, sans abandonner la liberté ; il est un partisan de la maison de Stuard : le wight est un homme qui aime la liberté, sans renoncer à la monarchie, qui s'affectionne pour la ligue protestante et pour la race de Brunswick. Ces deux factions existent encore en Angleterre : soit raison, soit justice, soit intérêt, soit corruption, le *torysme* a vaincu le *whightisme* et domine dans le parlement. Cette dernière faction confondue et humiliée se contente, dans ses discours publics et dans ses conciliabules secrets, de déclamer contre l'administration, d'outrager les ministres, d'attaquer les abus du pouvoir et l'influence de la couronne.

Charles, fortifié par un parti puissant, chercha à éclairer et à instruire cette classe d'hommes qui ne se déterminent que sur des rapports, nourissent des préventions froides et inactives, et attendent dans le silence que la vérité vienne dissiper leurs erreurs et leurs préjugés. Le roi publia et fit lire dans les églises un second manifeste, où il rendit compte à la nation des motifs qui l'avoient forcé à dissoudre les deux derniers parle-mens; il se plaignit que les communes a-voient refusé les subsides nécessaires pour la défense de Tange, dont la conservation intéressoit l'honneur et le commerce britan-nique, et avoient rendus un décret qui dé-fendoit à tous ses sujets de le secourir dans le besoin où se trouvoient les finances. Charles reçut les remercîmens du peuple; il lui offrit son sang et ses trésors pour défendre les droits du trône et la constitution de l'état. Le roi convoqua un nouveau parlement; lui parla de la manière la plus touchante et la plus affectueuse; il lui témoigna combien il dési-roit d'agir de concert pour maintenir l'union et la confiance si nécessaires pour le bonheur du peuple et la prospérité de l'empire. Les communes furent insensibles à ces paroles de paix et de consolation ; ce discours attendrissant , émané du trône , excita leurs passions et fomenta leurs haines ; elles se livrèrent aveuglément à toutes leurs frénésies ordinaires ; accusèrent les défenseurs de la constitution du crime de trahison ; et ces mêmes communes qui avoient créé le bill d'*habeas corpus*, furent les premières à violer cette loi par des emprisonnemens arbitraires. Elles firent revivre cette éternelle conspiration qui servoit de prétexte à alimenter leur vengeance et leur haine contre les catholiques , prononcèrent une seconde fois l'exclusion du duc d'York au trône d'Angleterre , demandèrent qu'Halifax , un des ministres de Charles , fut éloigné du conseil du roi , et reprirent le procès des lords qui avoient été impliqués dans la dernière conspiration.

Charles regardoit l'ordre héréditaire de la succession au trône comme une loi antique et constitutionnelle qu'il falloit défendre : sa violation entraînoit la chûte du pacte social , et devenoit une source perpétuelle de conspiration , de meurtre et d'usurpation. Charles devoit opposer la force dont la constitution l'environnoit , pour s'opposer aux entreprises d'un parlement qui n'avoit

An 1680;

ni le droit, ni le pouvoir d'intervertir cet
ordre qui fixoit l'hérédité de la couronne, et
de détruire une loi fondamentale de l'état.
Le roi fut inébranlable ; il avoit pris toutes
les précautions nécessaires pour que la religion de son frère fût regardée comme une
affaire privée et particulière entre sa conscience et le ciel, et pour qu'elle n'influa point
dans le gouvernement ni dans l'administration des affaires publiques ; il déclara aux
communes qu'il avoit consulté les pairs du
royaume, et qu'il ne consentiroit jamais
qu'on portât atteinte à la loi de la succession
héréditaire. Les communes publièrent de nouveaux décrets semblables à ceux qui avoient
précédés la mort de Charles Ier. : elles avoient
formé le projet d'écarter du conseil du roi
ceux qui pouvoient défendre ses droits, afin
de le réduire dans une dépendance servile.
Statbury avoit choisi le duc de Montmouth
pour l'opposer au duc d'York ; il avoit déjà
séduit sa jeunesse et flatté son ambition.
Ce prince avoit été complice de quelques
conspirations tramées contre la tranquillité
de l'état ; le roi avoit été forcé de le bannir
du royaume et même de déclarer l'illégiti-
mité de sa naissance ; les communes demandèrent son retour. Il fallut dissoudre le par-

lement : Charles donna les ordres pour procéder à une nouvelle élection ; mais il éloigna
de Londres ce corps redoutable , et fixa à
Oxfords le lieu de ses séances. Les communes
se rendirent en cette ville : les mêmes objets
et sur-tout l'exclusion du duc d'York furent
agités avec plus de fureur et de violence que
jamais ; mais les extrêmes passions produisent l'aveuglement et le délire : les communes
eurent l'imprudence de contester aux pairs
quelques - unes de leurs prérogatives ; et
comme la noblesse dans tous les gouvernemens est jalouse de conserver et d'étendre
ses priviléges , la chambre des pairs vint
fortifier le parti du roi. Charles sut profiter
de ces heureuses dispositions pour dissoudre
ce dernier parlement.

Le peuple applaudit à cette mesure politique : la faction des torys domina, et celle des
wights poussa des cris impuissans. Charles
assuré du vœu national à qui tout doit céder,
exerça toute la plénitude de l'autorité ; il fit
venir à la cour le duc d'York qu'il avoit envoyé en Ecosse : le plaça à la tête de l'administration, et partagea avec lui l'exercice du
pouvoir souverain. Charles , après avoir détruit cette confédération qui sembloit menacer l'état d'une dissolution prochaine , ne

laissa échapper aucune marque de ressenti-
ment ; il ne se permit aucun acte de vengeance ; il n'eût point versé le sang, si des
coupables n'eussent provoqué sa justice plus
que son courroux. Un historien doit être vrai
et juste : justice et vérité, voilà ses premiers
devoirs ; il est indigne d'exercer l'auguste
ministère dont il est revêtu, s'il les mécon-
noit ou les trahit ; il doit être ferme et inexo-
rable et prendre une plume de feu lorsqu'il
offre le tableau des crimes des rois. Il faut
faire trembler les tyrans et les oppresseurs
des peuples ; il faut leur imprimer un caractère d'opprobre et les dévouer à la malédic-
tion des siècles ; mais lorsque les rois exercent
quelques vertus et pratiquent les lois saintes
de l'humanité, il faut en présenter le tableau
attendrissant, pour consoler les opprimés et
instruire les administrateurs des empires.

An 685.   Quelques jours avant la convocation du
dernier parlement à Oxfords, Charles avoit
été attaqué d'une maladie dangereuse ; le
duc de Montmouth, les lords Grey, Russel,
Hampden, le comte d'Essex excités par Statbury, s'étoient réunis et avoient formés un
complot pour changer la constitution de
l'état, et pour exclure du trône le duc d'York.
Les conjurés tentèrent de soulever toute la

partie occidentale du royaume. Statbury, irrité des délais que chaque conspirateur apportoit, mourut de désespoir. Les chefs de la conjuration étoient divisés sur la forme du gouvernement qu'il falloit établir ; les uns vouloient le gouvernement démocratique, les autres la constitution actuelle, avec des modifications ; mais tous conspiroient contre le duc d'York. On impliqua dans cette conjuration Sydney qui, au milieu des fêtes, des plaisirs et de l'étude de la science politique, défendoit la liberté publique, et qui, par principe et par caractère, étoit bien éloigné de conspirer contre l'état. Dans le même tems se forma une nouvelle confédération : ces deux conspirations éclatèrent à-la-fois ; elles étoient d'autant plus dangereuses, que formées séparément dans leur origine, elles se réunissoient et se prêtoient leurs forces respectives. Au moment fixé pour leur exécution, elles furent découvertes : le comte d'Essex fut trouvé égorgé dans sa prison ; Russel et plusieurs autres conjurés furent punis de mort. Sydney périt sur un échafaud ; tous les amis de la justice ont versé des pleurs sur le tombeau de cet intrépide défenseur des droits du peuple. Les historiens ont vengé la mémoire de cet auguste martyr de la liberté, et ont exposé au respect et à l'admiration des siècles, un philosophe qui a servi l'humanité par son génie et ses vertus.

Charles pardonna à Montmouth, et le réconcilia même avec le duc d'York ; mais ce prince factieux ne jouit pas long-tems de la clémence et de la tendresse de son père, il continua ses complots, et ses machinations, et força le roi de le bannir une seconde fois du royaume. Il expia, sous le règne suivant de son sang, son ingratitude et son indomptable férocité. L'allégresse fut universelle, toutes les provinces, toutes les corporations des trois royaumes envoyèrent à Charles des députés pour le remercier d'avoir rétabli dans ses états l'ordre et les lois par sa justice, sa sagesse, la douceur de son administration, et d'avoir enchaîné toutes ces factions qui désorganisoient l'état social, et fomentoient toutes les passions : les prêtres même, ces terribles organes de la sédition sous le règne de son père, faisoient retentir les temples sacrés des éloges du monarque, et ne prêchoient que l'obéissance et la soumission : les universités établirent la même doctrine dans leurs écoles et dans leurs conférences. On institua des fêtes civiques, et des cérémonies religieuses pour célébrer ce grand et mémorable événement. Ce fut dans ces circonstances heureuses et consolantes que Charles mourut : il demanda avant sa mort de recevoir la communion romaine.

Charles ne fut pas un grand prince quoiqu'il eût les talens nécessaires pour le devenir. A la vivacité et à la pénétration de l'esprit, il réunissoit un jugement solide, et l'avantage d'avoir, dans l'adversité, observé le caractère des hommes et la nature des choses ; mais Charles se livra à tous les excès de la débauche et son ame fut énervée par les plaisirs ; il épuisa les finances de l'état pour satisfaire ses prodigalités ; il exerça un despotisme qui allarma les véritables défenseurs de la liberté, et viola quelquefois la constitution pour étendre son pouvoir ; cependant il sut la sauver des fureurs des sectaires et des conspirations sans cesse renaissantes des communes, et parvint par sa fermeté à l'affermir et à la consolider. Charles fut humain et compatissant. Comme particulier, il possédoit de grandes et précieuses qualités : tout ce que la politesse affable a de plus engageant, tout ce que les manières simples ont d'intéressant, agrément, esprit, il réunissoit tout ce qui séduit, tout ce qui plaît, tout ce qui attache. Charles, en recouvrant l'empire, avoit introduit parmi son peuple l'esprit de société, le goût de la table, de la galanterie, de la conversation, des spectacles, de tous les plaisirs qu'il avoit trouvés en Europe, quand il erroit d'une cour à l'autre pour conquérir une couronne que son père avoit perdue sur l'échafaud. Il ne falloit pas moins qu'une semblable révolution pour lui assurer un trône qui venoit d'être ensanglanté. Ce prince étoit un de ces voluptueux délicats que l'amour des plaisirs sensuels rend quelquefois humain et sensible à la pitié.

Charles ouvrit quelques sources de la félicité publique : il agrandit le commerce national, féconda l'agriculture, supprima la mendicité, multiplia les ateliers de charité et les asyles de l'infortune, protégea les sciences et les arts ; à sa voix, la philosophie répandit ses lumières et ses bienfaits, et le génie enfanta des miracles. La physique eût Newton ; la politique et la législation, Hobbes, Sydney et Locke ; l'histoire, Clarendon, Brunet ; la chaire, Tilopson ; les sciences, Bukler ; l'art dramatique, Dryden et Way. Les grandes révolutions dans l'empire des sciences et des arts ont constamment suivi les grandes révolutions dans l'état politique. Périclès, maître d'Athènes, y ouvrit ce siècle brillant qu'Alexandre continua. Jules-César avoit préparé le siècle d'Auguste en ouvrant aux Arabes la carrière des conquêtes. Mahomet les jetta dans celle des sciences et des arts que cette nation barbare n'eût jamais connu sans cette révolution. Les Médicis, maîtres de Florence, introduisirent les sciences et les arts. Dans la Rome moderne, ils durent leur essor à Jules II, qui, pour nous servir des termes de Brantôme, étoit *un maître homme quoique prêtre.* Son génie, aussi fort que vaste, passa chez les Michel-Ange, les Raphaël, les Bramante qui s'élevèrent à la grandeur de ses idées. Aussi en France, le siècle de Louis XIV fut l'ouvrage du cardinal de Richelieu, et l'Angleterre dût à Cromwel le règne brillant de Charles II.

Sous le règne de Charles, on comprit cette vérité éternelle, que l'anarchie est un fléau qui étend l'infortune et la corruption sur tous les membres de l'ordre social ; elle prépare les crimes et l'esclavage des peuples, et, après de sanglantes révolutions, elle brise le corps politique et l'entraîne vers sa dissolution. On ne connoît point ces déchiremens et ces calamités dans un état où le gouvernement sait faire respecter et observer la constitution et les lois ; le peuple comprend combien il lui importe, pour son intérêt, pour sa prospérité, pour son bonheur, d'aimer et d'obéir au pacte social qui le régit, d'exercer la justice, de pratiquer la morale, de maintenir l'ordre, de défendre sa liberté et de détruire ces sectes altières, ces associations séditieuses qui, sous prétexte de salut public, prêchent la révolte, perpétuent les factions, fomentent les haînes, éteignent l'esprit public et détruisent le crédit national. Le peuple ne sera libre et heureux que lorsqu'il chérira sa constitution et son gouvernement. Alors la paix affermira la liberté, et ouvrira toutes les sources de la félicité publique ; alors on ne verra point se former ces orages politiques, ces révolutions désastreuses qui ébranlent les empires, et inoculent à une nation douce et polie les fureurs du fanatisme politique et les attentats de la férocité.

An 1685.   Les dispositions favorables dans lesquelles se trouvoit la plus grande partie de la nation, au moment de la mort de Charles II, influèrent considérablement sur les marques d'affection et d'amour qu'elle témoigna à

Jacques lorsqu'il monta sur le trône. Tous
les ordres de l'état lui prodiguèrent les éloges
les plus flatteurs. Le respect s'unit à l'adulation et l'enthousiasme au délire. Jacques
convoqua le parlement et promit avec serment de maintenir la religion nationale,
de conserver les droits et les privilèges du
peuple, et de respecter la constitution et
les lois fondamentales de l'état. Cependant
il ordonna, par une proclamation, que les
droits d'entrée et la plus grande partie de
l'acise continueroient à être perçus. Il falloit
une loi du parlement pour renouveller cet
impôt fiscal, qui avoit été accordé sous le
règne de Charles, et dont la perception devoit cesser à sa mort. Cet acte du pouvoir
absolu annonça une administration oppressive et arbitraire : les craintes et les murmures succédèrent à la confiance et à l'allégresse. Jacques, non content de violer son
serment, manifesta ouvertement son projet
de détruire la religion anglicane, et de rétablir le catholicisme. Il assista à une messe
publique et célébrée avec toute la pompe
romaine : il s'y rendit avec tout son cortége
et avec tous les attributs de la majesté
royale ; il envoya ensuite un agent à Rome
pour négocier avec Innocent XI la destruc-

tion du schisme et la réconciliation de l'Angleterre avec le saint-siége, projet imprudent dont le judicieux pontife le blâma lui-même. Les cardinaux disoient, en plaisantant, que Jacques devoit être excommunié pour détruire ainsi les foibles restes du catholicisme en Angleterre.

Charles, dit Voltaire, avoit embrassé la religion catholique à la fin de sa vie, par complaisance pour ses maîtresses, et pour son frère : il n'avoit, en effet, d'autre religion qu'un pur déïsme. Jacques, au contraire, attaché depuis sa jeunesse à la communion romaine par persuasion, joignoit à sa croyance l'esprit de parti et de zèle. C'est une entreprise quelquefois très-aisée de rendre une religion dominante dans un pays : Constantin, Clovis, Gustave Vasa, la reine Elisabeth firent recevoir chacun, par des moyens différens, une religion nouvelle ; mais pour opérer ces grands changemens, il faut une profonde politique, et des circonstances heureuses : l'un et l'autre manquoit à Jacques.

Le roi concerta avec la reine, la comtesse de Dorchester sa maîtresse, et le jésuite Péters, qu'il créa ministre-d'état, homme intrigant, impétueux, dévoré de l'ambition d'être cardinal et primat d'Angleterre, les moyens d'engager son peuple à adopter la religion catholique, qu'il regardoit comme la religion de l'esclavage. Jacques convoqua le parlement et lui renouvella les mêmes sermens qu'il avoit déjà violés, comme si une première violation n'eût pas déjà suffit pour le rendre suspect. Après avoir insisté sur sa résolution à maintenir la constitution, il proposa un traité dont l'effet immédiat étoit de renverser cette même constitution par la suppression indirecte du parlement qui résultoit de sa proposition. Il demanda qu'il lui fût assigné un revenu fixe et perpétuel, c'est-à-dire qu'on l'affranchit de la nécessité de demander la sanction des communes, lorsqu'il s'agiroit de créer ou de renouveller les impôts. Cette demande frappa d'étonnement tous les esprits. Le parlement trahit les droits du peuple en accordant au roi un revenu fixe et perpétuel. Ce privilége extraordinaire tendoit à établir le despotisme sur les débris de la constitution; le peuple qui se plaisoit dans son esclavage et dans sa corruption, ne murmura point contre cette usurpation qui détruisoit sa liberté et ses lois. Les communes, dans leur adresse de remerciement, dirent à Jacques qu'il pouvoit disposer des fortunes et du sang de ses sujets ; mais elles le conjurèrent de conserver la religion de l'état. Si le roi eût éloigné de son conseil les prêtres romains, s'il eût consulté les règles de la sagesse et de la politique , il seroit parvenu à exercer sans opposition toute la plénitude de la souveraineté. Il faut convenir qu'aucun roi d'Angleterre ne commença son règne sous de si heureux auspices. Un prince qu'une partie de la nation avoit voulu exclure de la couronne, qui se trouve assis sur le trône, livré à sa propre sagesse, qui exerce paisiblement les droits de l'autorité qu'il a su étendre , doit avoir bien peu de génie et de prudence, s'il en tombe jamais : un roi sans politique n'est pas digne de régner ; cet art doit être sa première vertu.

A peine les communes eurent-elles donné au roi ces premiers témoignages d'une obéissance servile , bien rare dans l'histoire des parlemens précédens, qu'elles se hâtèrent de manifester leur zèle et leur affection pour un prince qu'elles chérissoient. Vate, ce fameux imposteur qui , sous le règne dernier, avoit accusé les catholiques de vouloir faire périr Charles, fut condamné à mort. On apprit que Montmouth étoit rentré en Angleterre ; qu'il avoit publié un manifeste séditieux, et qu'il s'avançoit à la tête d'une armée. Aussitôt le parlement s'assembla ; déclara Montmouth coupable de haute trahison : assigna au roi des subsides considérables pour les frais de la guerre, et délibéra de suspendre ses séances jusqu'à ce que le roi ordonne de les reprendre. Le comte d'Argyle se réunit à Montmouth ; il fut vaincu, fait prisonnier et condamné à mort. Montmouth, accablé par cette perte, se déconcerta, et se livrant à son aveugle destinée, marcha au devant des troupes royales : il fit des prodiges de valeur ; mais son armée fut taillée en pièce : il échappa au carnage, prit les habits d'un paysan et se cacha dans un fossé où il fut découvert ; il périt sur l'échafaud.

Le supplice de Montmouth rappela une foule de circonstances où le roi, lorsqu'il n'étoit encore que duc d'York et gouverneur d'Irlande, avoit donné des preuves d'un caractère vil et féroce ; on lui reprocha d'avoir interrogé lui-même et jugé quelques non-conformistes ; d'avoir été présent à la torture qu'il leur faisoit donner ; d'avoir examiné ces malheureux avec une curiosité barbare, pour observer sur leurs visages l'effet de la douleur et du désespoir ; de s'être sauvé dans une grande chaloupe au moment où le vaisseau qu'il montoit étoit prêt à périr ; de l'avoir remplie avec grand soin des chiens et des Jésuites, tandis qu'il écartoit de cet asyle conservateur plusieurs seigneurs et même son beau-frère, qui furent ensevelis dans les flots ; d'avoir fait couper les mains de quelques-uns qui, nageant près de la chaloupe, cherchoient à s'y attacher. L'indignation publique éclata au récit de toutes ces horreurs peut-être exagérées : la haine et l'exécration furent générales lorsqu'on apprit les cruautés qui se commettoient au nom du roi sur les complices de Montmouth. La tyrannie civile et militaire exerçoit toutes ses fureurs et ses vengeances dans ces malheureuses provinces où quelques paysans avoient suivi les drapeaux de ses chefs, tandis qu'au mépris des lois et de la justice, les magistrats civils faisoient pendre, sans forme de procès, les prisonniers. Le colonel Kirke dressoit des échafauds et des bûchers au milieu des fêtes et des réjouissances. Un juge-de-paix, nommé Jefféries, jettoit la terreur et la consternation dans les provinces : il égorga trois cents victimes. Les villages ruisselant de sang, les cadavres coupés en quartiers et suspendus à des arbres, de distance en distance, offrirent un spectacle d'horreur qui fit frémir l'humanité. Ces actes de cruauté forcèrent le peuple à prendre les armes pour punir ces hommes féroces qui commettoient ces crimes de sang froid. Jacques les mit sous sa protection, et donna les sceaux et la place de chancelier à l'infâme Jefféries. L'approbation et la récompense du crime excitèrent une indignation générale : ce roi si chéri ne fut plus qu'un oppresseur et un tyran. Cependant quelques historiens ont pensé que Jacques n'étoit point cruel par caractère et par principe ; il avoit l'esprit foible et le cœur pusillanime : mais la stupidité de Claude fait autant de mal que les forfaits de Néron.

Jacques se rendit au parlement ; il regardoit son autorité si affermie, qu'il se crut dispensé de suivre les règles de la prudence et l'art de la dissimulation, pour exclure les catholiques de tout emploi civil et militaire. On avoit passé sous le règne précédent le bill du *test*, en vertu du quel, indépendamment des précautions prises par le magistrat, tout candidat étoit obligé de prêter le serment de conformité à l'église anglicane. Il y avoit dans l'armée plusieurs officiers catholiques, Jacques déclara au parlement qu'en vertu de sa prérogative royale, il les avoit dispensés de prêter ce serment : il demanda ensuite des

An 1686.

subsides pour l'entretien d'une milice toujours existante. La chambre des pairs voulut examiner l'origine, la nature et les conséquences de ce droit *dispensatif* dont le roi se servoit pour établir son despotisme et détruire les lois. L'infraction du test fut regardée comme la ruine des libertés nationales. Jacques, ardent comme son père dans ses premiers mouvemens, dirigé par les violentes inspirations des prêtres, prorogea le parlement et prononça bientôt après sa dissolution.

Si l'on se rappelle avec quel zèle la nation en offrant à son prince son sang et ses propriétés, l'avoit conjurée de maintenir la religion de l'état, on concevra aisément combien elle dut être allarmée de cette résolution du roi qui, au moyen de cette dispense, pouvoit se procurer en détail la force d'un acte général de tolérance, et distribuer aux catholiques tous les emplois et toutes les dignités. Le peuple eût préféré le despotisme à l'établissement de la religion catholique : le culte romain lui étoit en horreur. La superstition civile avoit perdu ses transports et ses fureurs pour les transmettre au fanatisme religieux. Il se seroit prosterné devant les statues de ses oppresseurs et auroit brisé avec

violence dans les temples sacrés les objets
exposés à la vénération des catholiques ; il
eût consenti à supporter éternellement les
chaînes de l'esclavage, si on lui avoit promis
de massacrer les prêtres romains. Quelle est
la cause qui a produit sur l'esprit humain
cette étrange bizarerie : la nature ne nous a
pas encore révélé ce secret ; mais nous savons
que l'homme, dans l'état de société et de civilisation, est un mélange d'inconséquences,
de contradictions, d'erreurs, de vices et de
forfaits. S'il eût connu et pratiqué les lois
aimables et douces de la nature, telles que
l'auteur de tout bien les a gravées dans son
cœur, il auroit dédaigné toutes ces religions
qui ont paru sur la terre, et qui sont l'ouvrage de la hardiesse, du génie et des artifices de la politique ; il eût descendu dans sa
conscience et l'auroit délivrée de toutes les
passions qui l'environnent et l'obsèdent ;
alors, en suivant cet instinct moral qui ne
peut ni l'égarer ni le séduire, il eût vécu dans
la paix et goûté le véritable bonheur.

Jacques ne vit point qu'une révolution se
préparoit ; il crut que le ciel seconderoit ses
projets : mais il devoit savoir que les innovations religieuses sont toujours difficiles et
dangereuses, et qu'un peuple attaché à sa

religion devient bientôt fanatique et féroce.
Ce prince, sans prudence et sans politique,
déclara publiquement ses intentions dans un
tems où la révocation de l'édit de Nantes
venoit de remplir le nord de l'Europe dès
réfugiés français. Ces infortunés proscrits,
qui avoient cherché en Angleterre un asyle
contre l'oppression, faisoient le tableau, dans
leurs récits touchans, des persécutions et des
dangers auxquels les protestans étoient les
victimes, en vertu de la confédération formée par les puissances étrangères. Le peuple
crut que Jacques étoit un de ces confédérés
choisis pour seconder cette conspiration générale, et qu'il vouloit confier le commandement de ses armées à des catholiques,
pour pouvoir, à quelque signal convenu,
égorger plus sûrement tous ses sujets protestans. Jacques, instruit de ces bruits et de ces
alarmes, n'eut pas la prudence de s'arrêter
pour voir l'abîme qu'il creusoit sous ses pas ;
il donna au contraire plus d'activité à l'exécution de ses projets : le culte de l'église romaine fut exercé publiquement. Les jésuites
établirent des colléges dans plusieurs villes
du royaume. Le pouvoir civil et l'autorité
militaire furent confiés à des catholiques.
En Ecosse et en Irlande, il fit embrasser la

communion romaine aux protestans qui exerçoient des fonctions publiques ; quiconque
refusoit de donner à son prince cette marque
de complaisance et de soumission , étoit sûr
de sa disgrace : l'apostasie recevoit une récompense , la lâcheté un prix. La fidélité à
suivre la voix de sa conscience et à persé-
vérer dans la religion de ses pères, étoit
punie , et l'intolérance exerçoit sur ces malheureuses et respectables victimes toutes ses
fureurs et toutes ses vengeances. Le comte de
Rochester perdit sa place de trésorier ; le duc
d'Ormond , qui gouvernoit l'Irlande avec autant de sagesse que de douceur , fut forcé de
se démettre de son commandement ; le comte
de Mulgrave fut dépouillé de sa dignité de
chambellan. C'est ce ministre qui disoit , au
sujet de la transabstantion : " Personne ne
,, souhaite plus que moi de connoître la
,, vérité ; ce n'est qu'à force de tems , de
,, travail , de réflexions , que mon incrédu-
,, lité s'est soumise à l'évidence du dogme
,, d'un Dieu créateur du monde et des hom-
,, mes. De bonne foi, croyez-vous pouvoir
,, en une heure me convaincre qu'à son tour
,, l'homme a la puissance de créer Dieu. ,,
Il est essentiel d'observer que les catholiques eux-mêmes étoient effrayés de la con-

duite imprudente et injuste de Jacques ; ils redoutoient une révolution funeste, qui serviroit de motif et de prétexte à la persécution ; ils ne demandoient point de participer aux droits politiques de la cité ; ils ne desiroient que la tolérance de leur culte. L'ambassadeur d'Espagne avoit fait des représentations au roi de la part de la cour de Madrid ; le pape lui avoit recommandé la prudence et la modération dans une entreprise si difficile et si délicate, dont le succès ne pouvoit être que l'ouvrage de Dieu ; mais Jacques, esclave superstitieux des volontés des prêtres, livra ses états à l'anarchie, rompit cette alliance et ce pacte qui l'unissoient à son peuple, se précipita lui-même de son trône. C'est ainsi que par ses erreurs, ses imprudences et son fanatisme, son sceptre et sa couronne furent bribrisés sur les autels du catholicisme.

Les ministres anglicans montèrent en chaire pour annoncer qu'il étoit tems de résister à l'oppression, et de prendre les armes pour punir le tyran. Jacques affecta de braver ces cris séditieux, et devint plus actif et plus hardi dans l'exécution de ses projets : il créa un tribunal ecclésiastique, proscrit, par la constitution, cita l'évêque de Londres et le fit interdire, malgré la

réclamation du prélat, d'être jugé par le mé-
tropolitain et ses suffragans. Un nonce apostolique étoit arrivé de Rome, et ce nonce,
suivant la loi devoit être mis à mort, cependant il fit une entrée publique et solemnelle ;
quiconque ne se prosternoit pas à son passage, étoit dépouillé de ses emplois. Ce pontife consacra des évêques qui partirent avec
le titre de vicaire apostolique, pour exercer
dans leurs diocèses leurs fonctions sacerdotales. Jacques expulsa les membres de l'université d'Oxfords, et en donna la présidence
à un prêtre romain. Cette innovation injuste
attaquoit le droit d'élection dont jouissoit
l'université. Cette violence arbitraire et cette
nomination illégale produisirent une fermentation générale, et il ne faut pas s'en étonner ; les nobles, les grands et les riches vont
apprendre à cette université ou à celle de
Cambrige les élémens des sciences et du
droit politique. Les sources de l'église romaine vont tout emprisonner, s'écrioit-on ;
et bientôt tous les emplois, toutes les dignités seront confiés à ceux qui sacrifieront leur
croyance à la superstition romaine, et ven-
dront leur conscience pour plaire à un tyran
oppresseur. Le peuple éclata en murmures,
et manifesta son indignation. Le clergé an-

glican fomentoit cette explosion qui devoit
produire un grand désordre ; il excitoit le
courage des fanatiques en leur promettant
les bienfaits du ciel et les récompenses de la
religion ; il échauffoit le zèle des indifférens
en les frappant de terreur : il falloit donc attaquer ce corps puissant et redoutable. Jacques, en vertu de ce droit *dispensatif*, qui
étoit devenu en ses mains un instrument de
destruction, de scandale, d'usurpation, publia un édit général de tolérance, et ordonna
au clergé d'en faire publiquement la lecture
après le service divin. Les évêques anglicans refusèrent d'obéir ; Jacques fit arrêter
et emprisonner ces prélats dans la tour. Les
bords de la Tamise furent couverts des spec-
tateurs prosternés qui demandoient, dans les
accens de la douleur, les bénédictions de
leur pasteur, et imploroient la protection
du ciel pour le maintien de la religion et le
salut de la patrie. Bientôt on forma des assemblées confuses au milieu des places publiques : les cris, les lamentations, les
gémissemens des uns, les menaces, les imprécations des autres, tout devoit annoncer
au roi de grands et terribles événemens.
Mais le fanatisme aveugle l'esprit ; il répand le vertige et l'erreur, et par une

horrible séduction, force la conscience au crime, en lui persuadant qu'elle fait une action méritoire, et qu'elle obéit à la volonté et aux décrets du ciel. La foudre grondoit de toutes parts, et Jacques n'en entendoit pas le bruit : le vaisseau de l'état étoit brisé par la tempête, et Jacques, assis tranquillement sur le port, n'en voyoit pas les débris. Dans cette confusion, il se livra avec fureur à toutes les impétuosités de ses passions, et présenta le spectacle du roi qui, dans ses égaremens, brisoit lui-même sa couronne, et se précipitoit du haut de son trône. Jacques accusa les prélats opprimés de trahison, et les dénonça à la rigueur des lois. Les juges proclamèrent solemnellement leur innocence. Ce jugement allarma le roi au lieu de l'éclairer : il destitua ces magistrats fidèles à leur devoir et à leur conscience ; assembla une armée, et fit élever au milieu du camp une chapelle, où des prêtres invitoient les soldats à venir abjurer leurs erreurs, à embrasser et à défendre le catholicisme. Ce fut peu de tems après que la reine donna le jour à ce malheureux prince connu sous le nom de *prétendant.* Cette naissance avoit été précédée des prières publiques, des vœux, des offrandes et des pélérinages.

Mais cet événement dont Jacques avoit fait l'objet de ses espérances et de ses desirs, et qu'il regardoit comme le plus ferme appui de son trône, prépara ses humiliations et sa chûte. Il n'est pas étonnant que cet enfant ait été baptisé suivant le rit romain; mais ce qui prouve l'imprudence constante du roi, c'est que dans ces momens d'inquiétude et de fermentation générale, il le fit tenir sur les fonds baptismaux au nom du pape.

Les citoyens divisés d'opinions et de principes politiques formèrent une confédération générale. Les torys et les wights cessèrent leurs animosités particulières, suspendirent leur haîne et se réunirent pour défendre la religion anglicane. Cette religion dont le peuple anglais étoit si enthousiaste, est un mélange informe et bizarre de catholicisme, de luthérianisme, de zuinglisme et de protestantisme : elle ne présente qu'une chaîne continuelle d'absurdités, d'inconséquence, de contradiction, de fanatisme qui atteste l'ignorance de ses fondateurs, et prouve l'extravagance et le délire de l'esprit humain : cette religion enseigne et détruit tour-à-tour la révélation, combat et défend les dogmes établis sur les écritures saintes, et en prouvant l'authenticité et l'infaillibilité de l'évangile, donne à tout homme le droit de l'expliquer au gré de ses erreurs, de ses caprices et de ses passions. Le génie, la raison et la sagesse proscrivent ce code religieux, propre à faire des enthousiastes imbéciles, à combattre ces principes éternels de la nature qui seuls peuvent éclairer l'esprit, régler la morale publique, ramener les peuples à la connoissance de leurs droits, et à la pratique de leurs devoirs, à préparer le règne paisible des lois et de la justice. Voilà cette religion que Dieu a gravé dans le cœur de l'homme ; que le citoyen pratique dans le silence, et que le philosophe doit annoncer aux peuples. Cette religion naturelle est de tous les siècles et appartient à toutes les nations : elle est connue de ces hordes de sauvages qui parcourent les déserts et se rassemblent dans leurs cabanes. La raison, dit Confucius, est une émanation de la divinité. La loi suprême n'est que l'accord de la raison et de la nature ; toute religion qui contredit ces deux guides de la vie humaine ne vient point du ciel ; toute religion qui combat la loi naturelle est fausse, injuste, hypocrite et superstitieuse : elle mérite le mépris du sage, et la haine du philosophe.

 Tandis qu'une révolution se préparoit, Guillaume, prince d'Orange et stathouder de la Hollande, observoit dans le silence tous ces mouvemens convulsifs. Ce prince avoit épousé Marie, fille de Jacques : il conçut l'espoir de pouvoir monter sur le trône britannique. Guillaume avoit médité des entreprises vastes qui pouvoient paroître chimériques dans un stathouder de Hollande, mais qu'il justifia par son habileté et par son courage : il vouloit humilier Louis XIV, et détrôner Jacques. Ce génie sombre et hardi voyoit avec un secret plaisir cette guerre intestine qui agitoit l'Angleterre : il étoit attentif à tous les événemens, et dans sa profonde politique, il en calculoit tous les effets. Lorsqu'il fut instruit que tous les ordres de l'état, tous les partis, toutes les sectes se réunissoient pour rompre les nœuds qui les unissoient à leur roi, il envoya à Londres un agent éclairé, intrigant et fidèle chargé d'alimenter les haines, et de nourrir l'esprit de désordre et d'insurrection. Ce négociateur habile s'appliqua à flatter les diverses passions ; il assuroit aux anglicans que Guillaume leur confieroit les premières places de l'état, et protégeroit l'épiscopat ; promettoit aux non-conformistes cette tolé-

rance qu'ils réclamoient depuis long-tems ;
il disoit aux républicains enthousiastes que
le nouveau prince conserveroit les libertés
nationales, et étendroit les droits du peuple ; aux défenseurs de la constitution, qu'il
maintiendroit les lois fondamentales et constitutionnelles de l'état ; il promettoit à tous
un règne paisible, heureux et brillant.
Toutes les circonstances se réunissoient pour
favoriser Guillaume dans l'exécution de ses
projets. La nation anglaise ne voyoit plus
dans le roi qu'un ennemi de sa religion,
et un oppresseur de sa liberté. Avide d'innovations, elle ne connoissoit ni principe
de gouvernement, ni maximes d'ordre social : elle a commencé son existence politique au milieu des désordres, des bouleversemens et des crimes. Son histoire ne présente qu'un tableau continuel de révolutions
sanglantes et des factions anarchiques : il
faut donc à cette nation inquiète et révolu-
tionaire un aliment perpétuel pour satisfaire son caractère féroce et pour varier ses
mouvemens convulsifs. Cette terre, placée
sous un climat froid, est environnée des
volcans qui menacent de vomir ses laves.
Le génie de ses habitans, dont l'extérieur
annonce la modération et la prudence, est

ardent et sombre dans les transports qui l'agitent. Ce peuple ne connoît ni frein, ni règle, ni barrière ; il n'a rien fait pour établir sa liberté et son indépendance : ses agitations, ses combats, ses insurrections n'ont servi qu'à préparer sa corruption. Ce point immense de gloire et de puissance qui l'environne aujourd'hui, le conduira à la servitude, et formera une chaîne d'infortune et d'oppression qui s'appesantira sur lui. C'est du sein des crimes, de factions et des guerres civiles qu'il est parvenu à cet état de grandeur qui en impose à l'Europe et l'éblouit. Mais cet édifice, foudé sur des bases fragiles, ce colosse montrueux, sécroulera en débris ; cette hydropisie politique est le précurseur de la mort. Une nation chez laquelle il existe dans ses habitudes, son caractère, son génie, ses mœurs, sa constitution, un germe d'inquiétude et de faction, doit être dans un état continuel d'anarchie. L'anarchie conduit les empires à leur dissolution, et les nations à l'esclavage.

Un peuple entraîné par le fanatisme, doit être terrible dans son insurrection ; il faut qu'il périsse ou qu'il triomphe : il faut qu'il conserve sa liberté et sa religion, ou qu'elles soient ensevelies sous des flots de sang. Bientôt la nation anglaise implora l'appui et les secours de Guillaume : elle invita ce prince à monter sur un trône que Jacques dégradoit par sa tyrannie et ses usurpations. Guillaume se prépara à remplir ce vœu général, et à exécuter ses projets, sans prévoir peut-être jusqu'où pourroient s'étendre ses succès ; il chercha des alliances, sollicita des confédérations pour combattre Louis XIV dont il vouloit humilier l'orgueil et détruire la puissance. Déjà Guillaume avoit des conférences secrètes avec les gouverneurs des Pays-Bas espagnols, avec les électeurs de Brandebourg et de Saxe, avec la landgrave de Hesse et les princes de la maison de Limbourg. Déjà une armée hollandaise avoit formé un corps considérable près de Nimègue. Guillaume fit ses préparatifs avec tant de diligence et de secret, que le conseil de Londres n'en fut instruit que par celui de Versailles, qui, plus plus actif et mieux secondé, avoit démêlé les vues cachées du prince d'Orange. Louis, en communiquant cet avis important à Jacques, offrit de lui fournir en vaisseaux et en troupes tous les secours qu'il croiroit nécessaires pour combattre et repousser l'usurpateur ; mais Jacques, trahi par Sunderlang, refusa d'accepter cette offre. Louis voulut lui donner

une marque bien sincère de son zèle et de son
amitié, il proposa de suspendre ses grandes
opérations militaires, de lever le siège de
Philisbourg, de faire marcher son armée dans
les Pays-Bas, pour contenir les Hollandais
par la terreur de ses armes, et de réunir ses
forces pour attaquer Guillaume dans ses propres états. Jacques, par un aveuglement inconcevable, refusa encore la protection et
les secours de son allié généreux : il pensoit
qu'aucune puissance étrangère n'avoit ni le
droit, ni le pouvoir de s'emparer de sa couronne, que le ciel veilloit à la conservation
de son trône, comme si la divinité pouvoit
diriger ces grands événemens qui ensan-
glantent la terre. Si Dieu intervenoit dans
l'administration des sociétés politiques et
dans la création des gouvernemens et des
pactes sociaux, on ne verroit sur la terre ni
rois, ni princes, ni despotisme, ni oppresseurs, ni esclaves, ni fanatisme, ni guerre ;
on ne verroit que des peuples libres, heureux, indépendans ; la terre ne seroit point
arrosée de sang humain, et la société ne présenteroit point le tableau affligeant des malheurs et des crimes. Jacques croyoit que son
armée suffiroit pour repousser les attaques de
l'usurpateur et pour réprimer la rébellion du

peuple ; il croyoit que les troupes françaises
ne serviroient qu'à exciter de nouveaux sou-
lèvemens et de nouvelles jalousies contre des
voisins haïs et redoutés de la nation. Mais
enfin le prestige s'évanouit, et Jacques commença à trembler sur son trône. Une lettre
qu'il reçut de son ambassadeur à la Haye,
qui lui annonça les projets et les préparatifs
de Guillaume, retira Jacques de sa profonde
stupeur : alors il ne douta plus de l'authenticité des avis qu'il avoit reçus de Versailles ;
il assembla quelques évêques et leur demanda
des conseils. D'une sécurité dangereuse, le
roi passa à un lâche désespoir : il n'y avoit
qu'un instant qu'il se regardoit comme redoutable et invincible, actuellement il se
croit une victime destinée à être immolée
sur les marches du trône ; il ne croit plus aux
bienfaits et aux miracles de la providence,
et son incrédulité produit son découragement
et son désespoir. Pâle et confus, il promit de
conserver la religion de l'état et les prérogatives nationales, de convoquer le parlement et de rendre à Londres ses priviléges
et ses chartres ; il rétablit dans tous les comtés
les commandans et les magistrats qu'il avoit
destitués de leurs emplois pour s'être déclaré
les défenseurs du *test* et des lois pénales ; sup-

prima la cour ecclésiastique, et confia aux protestans les places les plus importantes. On regarda ces concessions et ces changemens comme des actes inspirés par la crainte et par une adroite hypocrisie, que Jacques ne manqueroit point de révoquer lorsqu'il auroit dissipé cette confédération générale qui se formoit contre lui.

Le prince d'Orange publia un manifeste où il présentoit le tableau des maux que souffroit la nation anglaise : le pouvoir de dispense et de suspension, l'établissement d'une cour ecclésiastique, les offices, les emplois, les dignités et les places remplies par les catholiques, l'élévation d'un jésuite au conseil privé, le *papisme* ouvertement encouragé, des églises, des collèges et des séminaires construits pour établir le catholicisme et étendre la domination sacerdotale, la démission des juges qui avoient refusé de vendre leur conscience aux caprices et aux volontés d'une cour corrompue, les chartres anéanties, l'élection des membres du parlement soumise à des formes tyranniques et inconstitutionnelles, les amis du peuple et les défenseurs de la liberté punis comme des citoyens séditieux et des libellistes incendiaires, l'autorité civile et militaire d'Irlande

confiée aux catholiques, en Ecosse les lois
violées et les crimes impunis, enfin les violentes présomptions contre la légitimité de
la naissance du prince de Galles, voilà les
objets que Guillaume présenta à la nation
anglaise, pour exciter les haines, pour fomenter une insurrection générale et pour
justifier son usurpation. Guillaume doit être
considéré, dans le moment où il publia son
manifeste, comme un usurpateur; il n'avoit
aucun droit à la couronne d'Angleterre : les
lois éternelles de la justice et les principes
qui doivent régir les sociétés politiques, s'opposoient à une proclamation qui étoit une
véritable déclaration de guerre et le signal
d'une insurrection générale. Guillaume outragea les droits des nations; il fit un acte
de souveraineté qui étoit une véritable rébellion et un attentat contre l'autorité suprême et l'indépendance du peuple.

Guillaume équipa une flotte qui devoit
porter quinze mille hommes. Ce prince, dit
Voltaire, n'étoit rien autre chose qu'un particulier illustre, qui jouissoit à peine de cinq
cent mille livres de rente ; mais telle étoit sa
politique heureuse, que l'argent, la flotte,
les cœurs des états généraux étoient à lui. Il
étoit roi véritablement en Hollande par sa

conduite habile , et Jacques cessoit de l'être
en Angleterre par sa précipitation. Le prince
d'Orange débarqua bientôt dans la Grande-
Bretagne ; toute la noblesse vola au-devant
de lui ; une partie de l'armée se rendit au
camp de ce prince ; plusieurs officiers généraux abandonnèrent le roi : entr'autres ce
fameux Chvrchil , aussi fatal à Louis qu'à
Jacques , et si illustre sous le nom de Marle-
bourough. Il étoit favori de Jacques , le frère
de sa maîtresse , son lieutenant-général dans
l'armée. Le prince de Dannemarck , gendre
de Jacques , enfin sa propre fille , la princesse
Anne , se retirèrent auprès de Guillaume. Le
roi sentit tout le poid de ses infortunes ; il
gémit et s'abandonna à sa destinée. Si la nature eût donné à Jacques la grandeur du caractère , la fermeté de l'ame , les talens de
la politique et la valeur du héros , il eût pris
les armes et accepté l'alliance et les secours
que lui avoit offert Louis XIV ; mais il se
livra au découragement , et il fallut abandonner un trône que des mains foibles et
chancelantes ne pouvoient ni soutenir , ni
conserver. Jacques laissa sa couronne à l'u-
surpateur , en l'arrosant de ses larmes et en
poussant des cris plaintifs. La reine , frappée
par une profonde terreur , prit la fuite , con-

duisant avec elle le jeune prétendant, sous la direction du comte de Lauzun.

Les puissances de l'Europe applaudirent à cette révolution, dans l'espoir qu'un jeune roi réuniroit ses forces et s'armeroit de son courage pour combattre Louis XIV et humilier ce prince qui vouloit dicter des lois aux autres souverains. Innocent XI, auparavant guerrier, et qui conservoit sur le trône pontifical ses goûts et ses habitudes militaires, avoit formé le projet de réunir les protestans à l'église romaine, et de renverser la puissance ottomane qui menaçoit de conquérir l'Italie. Le pontife crut que pour exécuter cette vaste et chimérique entreprise, il falloit détruire la maison de Bourbon ou celle d'Autriche ; il se ligua contre la France, donna à l'empereur la monarchie universelle et forma une ailliance avec Guillaume. C'est un spectacle curieux de voir le pontife de Rome s'unir avec un monarque protestant, pour détrôner un roi catholique. Nous sommes témoin aujourd'hui d'un phénomène aussi extraordinaire : nous voyons un prince hérétique s'armer pour relever le trône pontifical et les autels du catholicisme.

A peine Jacques eut-il disparu, que la nation fut livrée aux fureurs de l'anarchie ; la fuite du chef avoit désorganisé le corps politique. L'inertie de l'autorité rendoit les lois sans force et sans vertu ; le vaisseau de l'état erroit au gré du hasard sur une mer agitée par les orages et les tempêtes. Jacques n'avoit désigné personne pour administrer les affaires publiques ; il avoit jeté les sceaux dans la Tamise, et brûlé les mandats destinés à l'élection d'un nouveau parlement. Une multitude égarée, sans souverain, sans magistrats et sans lois, se livra à tous les excès du crime et de la licence ; elle saccagea, pilla, incendia les propriétés des catholiques. Londres alloit être un théâtre de carnage et de dévastation, si les pairs ne s'étoient réunis pour arrêter ce torrent qui étendoit ses ravages et menaçoit les villes et les campagnes ; ils s'assemblèrent, formérent des résolutions précipitées et désavouées l'instant d'après ; prirent les rênes du gouvernement, réglèrent l'administration des affaires, et offrirent la couronne britannique au prince d'Orange. Ce dernier acte fut une véritable rébellion et un attentat : les pairs, sans autorité, sans mandat, sans mission, ne pouvoient donner le trône à un prince étranger, ni violer la loi sacrée et fondamentale de l'hérédité ; cet acte de la souveraineté n'appartenoit qu'au

peuple : lui seul pouvoit l'exercer ou en transmettre le droit à ses représentans ; les pairs
furent de véritables usurpateurs.

Jacques fut arrêté dans sa fuite et ramené
prisonnier à Londres : ce prince rentra dans
son palais, où la fortune lui présenta un
spectacle nouveau. Il fut reçu aux acclama-
tions de l'allégresse publique ; ses infortunes
excitèrent la pitié et renouvelèrent les remords d'un peuple inconstant et frivole, qui
outrageoit ses rois par fanatisme et les ado-
roit par caprice ; il ne voyoit dans ses chefs
que des despotes qu'il falloit punir, ou des
souverains qu'il falloit servir en esclaves.
Jacques n'eut pas le talent de profiter de cet
enthousiasme général : loin de gémir et de
prier aux pieds des autels de la divinité, qui
permet souvent la chûte des rois pour instruire la terre et consoler les peuples, il falloit agir, négocier, annoncer solemnellement à la nation qu'on défendroit sa liberté
et qu'on maintiendroit sa religion et ses lois ;
mais Jacques restoit immobile au milieu de
ses défenseurs ; ses malheurs avoient altéré
ses organes, l'image ensanglantée de son
père se présentoit à son imagination trou-
blée ; il se croyoit environné de satellites,
et il lui sembloit que la hache du bourreau

étoit prête à le frapper. Jacques ne s'occupa que des moyens de se soustraire aux attentats de l'usurpateur, et de tromper ses gardes. On ne fut pas plutôt instruit de ce projet, qu'on lui facilita les moyens de l'exécuter; comme il n'étoit ni utile, ni adroit de lui proposer de prendre la fuite, on employa les ressorts qui pouvoient en même tems la lui faire désirer davantage, et la lui rendre plus facile : il ne s'agissoit que d'augmenter les inquiétudes, et les allarmes d'un prince foible et timide. Guillaume envoya ses propres gardes s'emparer du palais. Ce premier acte de violence sembloit être le précurseur d'un événement sinistre. Tout paroissoit annoncer à Jacques que Guillaume avoit besoin pour monter sur le trône de renouveller les attentats de Cromwel, et que, pour affermir une couronne usurpée, il falloit l'arroser de son sang. Lorsqu'on fut instruit que cet appareil menaçant avoit produit son effet, en comprimant l'ame du roi, on l'avertit de se rendre dans l'obscurité de la nuit, à un endroit indiqué, il s'y rendit, et ne voyant personne qui s'opposât à sa fuite, il s'embarqua avec sa femme et le prince de Galles, et arriva à Versailles : il fut reçu avec ces démonstrations de confiance, et de respect que l'on doit aux princes malheureux.

Cette étonnante et instructive révolution s'opéra sans aucune effusion de sang. Les nœuds qui unissoient le peuple au roi furent brisés sans effort. Ce n'est point au bruit des armes, au milieu des fureurs de la guerre civile, et sur un théâtre sanglant que l'ordre de la succession héréditaire, fixé et consacré par la constitution, fut changé : c'est une fatalité attachée à toutes ces révolutions qui fondent ou régénèrent les empires d'être accompagnées de mouvemens convulsifs : il semble qu'on ne peut aller au bien que par des crimes, la nature nous fait payer bien cher ses bienfaits, on les achète par des sacrifies, et on les obtient par ses larmes. L'arbre de la liberté, pour vivifier sa tige, pour étendre et embellir ses rameaux, n'a pas besoin sans doute d'être arrosé de sang humain : la mort d'un innocent est un jour de deuil pour l'humanité : il faut gémir sur ces révolutions sanglantes qui détruisent les empires, en répandant sur les peuples les fléaux de l'anarchie et les crimes de la guerre. Quel est celui qui peut envisager sans horreur les maux qu'elles entraînent ! Lisez l'histoire des nations à l'époque où elles se soulèvent contre l'ancien gouvernement ? Vous verrez la discorde secouant ses flambeaux, la haine envenimant le cœur, l'inquisition répandre l'effroi ; vous verrez le frein des lois rompu, le glaive arraché des mains de la justice, l'ordre social remplacé par la fureur populaire ; vous verrez les possessions dévastées, les fortunes détruites, les citoyens égorgés ou fugitifs ; vous y verrez l'égalité servir de prétexte à l'insubordination, la licence régner sous le masque de la liberté, le patriotisme confondu avec la fureur, légitimer les excès les plus inouis, toutes les têtes courbées sous le despotisme de la multitude ; vous y verrez le numéraire disparoître, l'agriculture languissante, les arts et les sciences ruinés, les lois anéanties et tous les membres de la société oppresseurs ou opprimés. Toutes les fois que l'on dira aux hommes vous êtes égaux, libres et souverains, il faut s'attendre à voir les liens de la subordination se dissoudre, et les droits de la propriété s'anéantir ; toutes les fois que l'on rompra les digues qui contiennent la multitude, elle deviendra séditieuse et féroce, et quand on n'aura pour la ramener à ses devoirs que des mots vîdes de sens, et une métaphysique obscure, on excitera ses passions, et elle se livrera à des nouveaux excès. Toutes les fois qu'on substituera à la justice et aux lois, des mesures révolutionnaires, et qu'on voudra toujours voir des crimes et des coupables, et ramener les citoyens par la terreur, l'empire se détruira et s'ensevelira sous des ruines ; toutes les sources de la félicité publique seront desséchées ; le peuple, après avoir parcouru tous les degrés de l'infortune, deviendra esclave ; il se déchirera de ses propres mains, et ne présentera plus que le spectacle de la dégradation, de la misère et de la servitude. L'histoire de toutes les nations, qui nous instruit plus que toutes les maximes et tous les systêmes de nos philosophes modernes, consacre cette grande et triste vérité.

Le peuple anglais sut éviter et prévenir les crimes de la guerre, et n'ensanglanta point cette nouvelle révolution ; il ne brisa point les ressorts de la force publique, il n'établit point la tyrannie et la terreur en préconisant la liberté et les lois, et il ne versa point des flots de sang pour affermir son indépendance et pour créer une nouvelle succesion héréditaire. On examina dans le code de la nature et dans les lois primitives des sociétés les devoirs des souverains et les droits des peuples. C'est dans ces monumens sacrés et immortels qu'on trouva l'existence de ce pacte antique et solemnel, qui donne aux nations opprimées le droit de briser les fers de l'esclavage, et de créer la constitution et le gouvernement propres à former le contrat social qui doit les régir.

Toute révolution doit tendre à rétablir le peuple dans ses droits, à préparer son bonheur et sa liberté, et à purifier ses mœurs, autrement elle est une calamité publique et une rébellion coupable. Sans doute ce grand ouvrage est long et difficile : il en coûte plus à régénérer une nation qu'à la créer. Un génie sublime et hardi s'élève à de grandes conceptions, et forme tout-à-coup des institutions civiles et des lois pour conduire un peuple à la civilisation ; mais que de peines, que de travaux, que de combinaisons, que d'efforts pour l'arracher à la misère et à l'esclavage, où l'ont enseveli les guerres, le fanatisme, la corruption. Pour parvenir à cette régénération, il ne suffit point de créer une législation, il faut pour ainsi dire détruire la nature de l'homme, lui ôter ses passions, ses erreurs, ses préjugés, ses vices ; il faut éclairer son esprit, perfectionner sa raison, purifier sa conscience, et l'attacher aux idées d'ordre, de morale et de justice ; il faut l'arracher de son tombeau, scellé déjà par la pierre sé-

pulchrale et donner la vie à un cadavre qui
répand l'infection et la mort. Cette création
morale exige de longs travaux et de longues méditations. L'homme se corrompt
dans un jour, et il lui faut des années pour
se régénérer. L'ignorance et la perversité
font des progrès rapides : les opérations du
génie et de la vertu sont lentes et gra-
duelles.

Jacques ne connut ni le génie de son
peuple, ni le cœur humain, ni l'origine des
sociétés, ni les droits des nations, ni les
véritables maximes de la religion ; il crut
que sa couronne étoit indépendante de la
souveraineté nationale ; que les décrets de
la providence l'avoient placé sur un trône
dont la tige s'élevoit jusqu'au ciel, et que
son inviolabilité devoit le rendre sacré aux
yeux du peuple. Cette doctrine fausse, ins-
pirée par des prêtres romains, prépara ses
revers et ses humiliations. Jacques perdit
le trône de ses pères par ses imprudences,
ses foiblesses et ses erreurs politiques : il
pouvoit jouir paisiblement du pouvoir souverain. Non - seulement la nation n'étoit
point disposée à lui contester son autorité,
mais elle en avoit encore étendue les limites. Sortie des horreurs de l'anarchie et

de la guerre civile, elle desiroit de voir la concorde et la paix réunir tous les ordres de l'état, et le règne des lois exercer cet empire salutaire, destiné à la gloire et à la prospérité générale.

Si Jacques se fut servi de l'ascendant qu'il avoit sur le parlement qu'il pouvoit facilement corrompre pour rétablir le catholicisme, si pour le rappeler dans ses états il se fut servi des mêmes instrumens que ses prédécesseurs avoient employé pour le proscrire, si, au lieu de suivre l'exemple de Jacques Ier, son ayeul, et de Charles Ier. son père, il eût adopté la politique de Henri VIII et d'Elisabeth ; s'il eût su comme eux faire du parlement l'exécuteur aveugle non-seulement de la volonté, mais encore des caprices d'un prince ; s'il n'eût pas commis un attentat manifeste contre la constitution en promulgant de nouvelles lois et en abolissant les anciennes sans la sanction du parlement, Jacques seroit parvenu à rétablir le catholicisme et à s'affermir sur un trône si longtems agité : le parti de l'église anglicane auroit poussé des cris séditieux, distribué des libelles, brûlé les maisons de quelques parlementaires ; mais enchaîné par la terreur ou corrompu par les bienfaits, il auroit perdu son fanatisme religieux comme il a perdu son amour pour sa liberté et son indépendance. Les lumières de la philosophie, les progrès des sciences, le goût des arts, les plaisirs de la société et la nature des institutions civiles l'auroient instruit de l'inutilité et des abus de toutes ces religions inventées par la politique. Asservi et esclave du gouvernement, il se seroit uniquement occupé des spéculations commerciales et des moyens de multiplier ses richesses. Les siècles et les révolutions changent le caractère, le génie et les mœurs des peuples : de la barbarie ils passent à la civilisation ; de l'ignorance, aux connoissances des arts et des sciences ; de la liberté, à l'esclavage ; des vertus, à la corruption et à l'immoralité. Tout change dans la nature : l'homme se défigure au moral comme au physique ; un terrain qui a produit long-tems des sucs vigoureux, s'épuise et s'anéantit ; des chênes antiques se transforment en de foibles arbrisseaux ; le sol qui a produit des moissons abondantes devient inculte et sauvage, et ces campagnes autrefois si belles et si riantes ne présentent plus aujourd'hui que des tombeaux et des ruines.

Immédiatement après la première évasion de Jacques, nous avons vu que les évêques et les pairs du royaume s'étoient placés au hasard à la tête de l'administration publique : la capitale, les provinces et l'armée attendoient en silence les événemens qui fixeroient la forme du gouvernement. Le retour momentané de Jacques, ses terreurs, l'aspect de ses humiliations et de ses infortunes, la crainte de voir renouveler les horreurs de la guerre civile, avoient suspendu l'activité de la haîne publique. Soit remord, soit compassion, soit justice, la nation paroissoit disposée à défendre son roi contre l'usurpateur. Jacques n'eut ni le courage de prendre les armes, ni le talent de hâter cette révolution ; l'indignation et le mépris succédèrent à la pitié : les pairs et les évêques offrirent à Guillaume l'administration du royaume. Le conseil qui croyoit représenter le souverain, invita les grands de la nation à convoquer une assemblée générale ; cette convocation fut faite : on ne pouvoit point donner à cette assemblée le nom de parlement, elle prit celui de *convention*. Ce droit, suivant Thomas Payne, étoit aussi tyrannique et aussi mal fondé que celui que Jacques avoit voulu s'arroger sur le parlement et sur la nation : la seule différence est que l'un étoit une usurpation des droits des vivans, et l'autre des

générations à venir ; et comme le droit de
l'un n'étoit pas mieux fondé que celui de
l'autre, il s'ensuit que leurs actes sont nuls
et ne peuvent avoir aucun effet.

La convention qui usurpoit les droits du
peuple et qu'on ne peut regarder que comme
inconstitutionnelle et illégale, déféra au
prince d'Orange l'autorité absolue pendant
l'interrègne, et délibéra sur le parti que l'on
prendroit à l'égard du roi fugitif. Guillaume
se rendit à la chapelle du palais, et reçut la
communion, conformément aux rits de l'é-
glise anglicane, bien différens de ceux qu'on
observe en Hollande. Cette adroite hypocrisie décéla l'ambition de Guillaume : la superstition n'est point la foiblesse des usurpateurs ; l'augmentation de leur puissance flatte
leur orgueil, ils renversent toutes les entraves
qui peuvent s'opposer à leur grandeur. Les
ames fortes ne sont point superstitieuses :
accoutumées à braver les obstacles et les dangers, elles franchissent avec audace les barrières sacrées que la religion élève pour
s'opposer à leurs projets ; elles sont insensibles aux menaces des pontifes comme aux
cris des vaincus. Au milieu de cette ambition
qui les dévore, elles n'écoutent point la voix
de leur conscience : cet instinct moral se

dirige toujours au gré de leurs passions ; si quelquefois elles affectent un zèle ardent pour la religion, elles le font servir à l'exécution de leurs projets : leur fanatisme n'est alors qu'une hypocrisie calculée pour tromper et séduire un peuple crédule et superstitieux.

La convention rendit un décret conçu en ces termes : " Le roi Jacques II s'étant efforcé „ d'anéantir la constitution du royaume en „ rompant le contrat original entre le roi et „ le peuple, violé les lois fondamentales par „ les conseils des jésuites et d'autres perni- „ cieux conseils, et s'étant évadé du royau- „ me, le trône étoit vacant. „ Cette convention qui accusoit le roi de renverser la constitution, la violoit d'une manière bien étrange. Une loi aussi ancienne que la monarchie décidoit formellement que le trône n'est jamais vacant ; en conséquence au moment même de la fuite et de l'abdication de Jacques, il étoit censé rempli par l'héritier le plus proche : cet héritier étoit incontestablement le jeune prince de Galles, et à son défaut le trône appartenoit à Marie et à Anne ses sœurs. Il étoit de l'intérêt de la nation et de sa sagesse de maintenir la loi de la succession héréditaire ; son interversion pouvoit allumer une guerre civile : il falloit observer la constitution, puisque le peuple vouloit conserver la monarchie. Il ne pouvoit changer cet ordre de succession, qu'en fondant un gouvernement républicain. Il en avoit le droit, puisqu'il est la source de tous les pouvoirs, et que la souveraineté lui appartient.

On examina dans cette assemblée conventionnelle s'il y a un pacte primordial entre le roi et le peuple; si l'oppression du chef ne rompt pas le contrat social et si la nation ne rentre pas alors dans ses droits primitifs d'indépendance et de souveraineté, sans doute ce pacte antique existe. Il a bien fallu, lorsque la société s'est étendue et que ses membres se sont multipliés, confier à un seul ou à plusieurs l'exercice de l'autorité; on a établi des droits et des devoirs, et chacun s'est dépouillé d'une partie de sa liberté entre les mains de quelques chefs chargés de veiller à l'administration publique et à la sûreté de tous les citoyens. Sans doute la souveraineté appartient au peuple : il est l'origine, le créateur, la source de tout pouvoir; mais dans une vaste société, il ne peut point exercer sa souveraineté, il la délègue à un ou à plusieurs : alors ils représentent légalement la nation; ils agissent, ils parlent en son nom; ils forment la volonté générale et le peuple lui-même ne peut point fixer leur puissance. Ainsi quoiqu'il soit vrai au fonds que tout vient de la terre, il ne faut pas moins qu'on la soumette par le travail et la culture, comme on soumet le peuple par l'autorité et par les lois. La souveraineté est dans le peuple comme un fruit est dans nos champs d'une manière abstraite : il faut que le fruit passe par l'arbre qui le produit, et que l'autorité publique passe par les mains qui l'exerce. Un peuple ne peut point se gouverner par lui-même, ni exercer son droit de souveraineté dans des associations particulières ; autrement l'état seroit dans cette anarchie qui perpétueroit les factions et arrêteroit tous les mouvemens du corps politique.

Il y avoit dans la convention plusieurs membres qui s'opposoient à la violation de la loi héréditaire ; ils proposèrent à Guillaume la régence du royaume pendant la minorité du prince de Galles. Les wights rejetèrent cet héritier de la couronne élevé dans des principes incompatibles avec la constitution civile et religieuse de l'état : ils représentèrent qu'un empire gouverné par des régens ou des protecteurs seroit éternellement agité par des dissentions intestines ; que pour prévenir ces factions toujours renaissantes, il

falloit une monarchie dont la succession héréditaire et le pouvoir fussent établis et fixés
par le peuple. Un troisième parti vouloit
donner la couronne à Marie, épouse de Guillaume ; ce prince voyoit avec une tranquillité
apparente les divisions qui régnoient dans la
convention, il se rendoit même inaccessible
dans son palais : on vit avec alarme un prince
sombre et froid, qui affectoit une indifférence méprisable et un orgueil insultant.
Guillaume assembla quelques grands du
royaume dont il connoissoit le crédit et
l'influence sur l'opinion publique : il leur
dit qu'il n'étoit venu en Angleterre que pour
protéger la religion et les lois, et pour rétablir l'ordre, qu'il ne prétendoit point s'opposer aux vœux de la nation dans le choix
d'un souverain, que si l'on conservoit la
couronne au jeune prince de Galles, il étoit
forcé de leur déclarer que ses affaires, ni
son inclination, ne lui permettoient point
d'accepter la régence ; que si l'on plaçoit
Marie sur le trône, personne ne sentoit
mieux que lui combien la princesse, son
épouse, étoit digne de ce choix, mais qu'il
ne pourroit point lui être utile, parce qu'il
ne sacrifieroit jamais ni au titre de régent,
ni à celui d'époux de la reine les intérêts

importans et les affaires pressantes qui l'appeloient en Hollande , et qu'il ne pourroit pas même rétablir, par sa médiation , la paix et l'ordre dont l'Angleterre avoit besoin dans un tems d'anarchie et d'agitation.

Cette déclaration adroite et artificieuse , jetta l'alarme et inspira la terreur : quelle terrible perspective n'offroit point le retour d'un roi exilé de ses états qui rentreroit armé de la foudre , guidé par la vengeance, amenant avec lui la dévastation et la mort ! On redouta une guerre civile ; enfin la convention rendit un décret portant : " Qu'en conséquence de l'abdication du roi „ Jacques, et de la vacance au trône, la „ couronne étoit dévolue au prince d'Orange „ et à Marie son épouse ; que l'administra- „ tion appartiendroit exclusivement au „ prince ; qu'Anne fille de Jacques, prin- „ cesse du Dannemarck, succéderoit au „ prince d'Orange et à Marie ; que les en- „ fans d'Anne succéderoient à ceux de „ Marie , et avant ceux que le prince „ d'Orange pourroit avoir d'une autre „ femme. „ On nous saura sans doute gré de rapporter cette loi qui fait partie des bases du gouvernement et de la législation du peuple anglais. Nous examinerons bientôt

les avantages et les abus de la constitution
britannique.

 " Comme le roi Jacques , avec l'assis-
,, tance de ses pernicieux conseils, des juges
,, et des ministres qu'il employoit , s'est ef-
,, forcé d'extirper la religion protestante ,
,, les lois et les libertés de ce royaume , en
,, s'attribuant un pouvoir excessif, de dis-
,, penser des lois , et d'en suspendre l'exé-
,, cution sans l'aveu du parlement, en fai-
,, sant mettre en prison et poursuivre en
,, justice divers dignes prélats, pour l'avoir
,, supplié, par une humble pétition, de les
,, dispenser de concourir à l'usurpation d'un
,, tel pouvoir, en levant de l'argent pour
,, l'usage de sa couronne , sous prétexte de
,, sa prérogative , en d'autres tems et pour
,, d'autres usages que ceux pour lesquels il
,, avoit été accordé, en érigeant une cour ec-
,, clésiastique, en levant et entretenant une
,, armée dans le royaume , sans l'aveu du
,, parlement, en logeant des troupes d'une
,, manière contraire aux lois, en faisant ôter
,, leurs armes à divers sujets protestans ,
,, tandis que les *papistes* demeuroient armés,
,, et qu'ils étoient employés contre la dis-
,, position des lois, en violant les élections
,, des membres du parlement, en faisant

„ porter à la cour du banc du roi diverses
„ causes dont la connoissance n'apparte-
„ noit qu'au parlement et par plusieurs au-
„ tres entreprises illégales et arbitraires ;
„ comme aussi, depuis quelques années, on
„ a employé en qualité de jurés des per-
„ sonnes partiales, corrompues, non qua-
„ lifiées, et qu'on a même employées dans
„ des procès de haute trahison ; qu'on a
„ exigé des personnes emprisonnées pour
„ crime un cautionnement excessif, dans
„ la vue d'éluder le bénéfice accordé par
„ les lois pour la liberté des sujets ; qu'on
„ a condamné des accusés à des amendes
„ exorbitantes, qu'à d'autres on a infligé
„ des peines excessives et contraires aux
„ lois ; qu'on a même permis des confisca-
„ tions de leurs biens avant leur convic-
„ tion, tous abus contraires aux lois, aux
„ statuts et aux libertés de ce royaume.
„ Et comme le roi Jacques ayant abdiqué
„ le gouvernement, et le trône étant devenu
„ vacant, son altesse, le prince d'Orange,
„ dont il a plu à Dieu de faire son glorieux
„ instrument pour délivrer ce royaume du
„ *papisme* et du pouvoir arbitraire, par
„ l'avis des seigneurs et des principaux
„ membres des communes, a envoyé des

„ lettres aux seigneurs spirituels et tem-
„ porels protestans, aux comtés, aux villes,
„ aux universités, aux bourgs et aux cinq
„ ports pour leur faire élire des députés ca-
„ pables de les représenter légitimement et
„ pour les assembler dans la vue de procurer
„ un établissement qui préserve la religion,
„ les lois et les libertés de retomber dans
„ le même danger, sur lesquelles lettres les
„ élections ayant été faites, et les seigneurs
„ et les communes actuellement assemblés
„ en un corps qui représente la nation, pre-
„ nant en considération les meilleures voies
„ pour arriver aux fins qu'on s'est proposées,
„ déclarent, à l'exemple de leurs ancêtres,
„ pour soutenir leurs anciens droits et li-
„ bertés, 1°. que le prétendu droit de sus-
„ pendre les lois ou l'exécution des lois par
„ l'autorité royale, sans le consentement du
„ parlement, est illégal ; 2°. que le prétendu
„ droit de dispenser des lois par l'autorité
„ royale, comme il a été usurpé dans ce
„ dernier tems, est illégal ; 3°. que l'érec-
„ tion d'une cour ecclésiastique ou de tout
„ autre cour, est illégale et pernicieuse ;
„ 4°. que toute levée d'argent pour l'usage
„ de la couronne, sous prétexte de la pré-
„ rogative royale, sans que le parlement

„ l'ait accordée ou pour un tems plus long
„ ou d'une autre manière qu'elle est accor-
„ dée, est illégale ; 5°. que c'est un droit
„ des sujets de présenter des pétitions au
„ roi , et que tout emprisonnement ou tout
„ autre poursuite à ce sujet, est illégale ;
„ 6°. que lever ou entretenir une armée
„ dans le royaume, en tems de paix, sans
„ le consentement du parlement, est con-
„ traire aux lois; 7°. que les sujets protes-
„ tans peuvent avoir des armes pour leur
„ défense , suivant leurs conditons , et telle
„ qu'il est permis par les lois ; 8°. que les
„ élections des membres doivent être libres;
„ 9°. que les discours et les débats du par-
„ lement ne doivent être recherchés ou exa-
„ minés dans une cour, ni dans aucun au-
„ tre lieu que le parlement; 10ᵇ. qu'on ne
„ doit point exiger de cautionnemens ex-
„ cessifs , ni imposer des amendes exorbi-
„ tantes , ni infliger des peines trop dures;
„ 11°. que les jurés doivent être choisis avec
„ impartialité , et que ceux qui sont choisis
„ pour jurés dans les procès de haute trahison,
„ doivent être membres des communautés ;
„ 12°. que toute concession ou promesse de
„ donner la confiscation des biens des ac-
„ cusés avant leur conviction, sont contraires

„ aux lois et nulles ; 13°. que pour trouver du
„ remède à tous ces abus, pour corriger,
„ pour fortifier les lois, et pour les main-
„ tenir, il est nécessaire de tenir souvent les
„ parlemens. „

Il ne faut point regarder cette loi comme formant une partie de la constitution britannique, elle a seulement interverti l'ordre de la succession héréditaire, et transporté à un étranger la couronne d'Angleterre, qui appartenoit, par la constitution, au prince de Galles. Ce décret doit être regardé, dans presque toutes ses dispositions, comme un réglement qui ordonne l'exécution des anciennes lois. L'antique constitution a conservé ses formes et ses bases, les prérogatives royales ont été maintenues dans toute leur intégrité et dans toute leur étendue. Le pouvoir législatif a toujours appartenu aux communes qui prétendent représenter la nation : la chambre des pairs, par une subversion scandaleuse des principes du contrat social, en partage la puissance ; la monarchie anglaise s'est toujours maintenue sur ses antiques fondemens ; la révolution actuelle n'a point produit une nouvelle constitution, elle a confirmé l'ancienne, et les chartres antiques ont reçu une nouvelle sanction. Il est bien étonnant que les écrivains français, qui ont écrit sur la constitution et le gouvernement britannique , aient ignoré cette vérité , qui nous a été transmise par les historiens anglais.

Guillaume et Marie , après avoir accepté les conditions portées par le décret de la convention , et après avoir juré de défendre les lois constitutionnelles et la religion de l'état , montèrent sur le trône britannique ; le roi s'occupa à affermir son autorité , et à enchaîner une nation-inconstante et factieuse. Quelques membres prétendirent que ceux qui composoient la convention , ne représentoient pas la nation, et que le décret qui donnoit la couronne à Guillaume étoit inconstitutionnel. On proposa de dissoudre cette assemblée et de procéder par les formes légales à l'élection du parlement, formes devenues faciles et nécessaires depuis qu'il existoit une autorité chargée d'ordonner cette élection : mais Guillaume redouta les intrigues et les regrets d'un nouveau parlement, il décida que la *convention* seroit à l'avenir appellée *parlement*. Cet acte d'autorité fut regardé comme un despotisme, et une usurpation , on se plaignit contre cet abus du pouvoir, comme si on ne savoit pas que celui

qui en est revêtu cherche toujours à l'étendre;
plusieurs membres attachés aux véritables
principes de la liberté, refusèrent de prêter
serment et prirent la fuite ; dans le même
tems Guillaume fut instruit d'une conspiration qu'on tramoit en Ecosse. Jacques
avoit écrit à la convention écossaise pour
l'exhorter à défendre ses droits et à punir
les attentats de l'usurpateur : il promettoit
des bienfaits, des récompenses et un pardon
général. Ce manifeste avoit commencé à exciter la pitié et à réveiller les remords de cette
nation qui se rappeloit avec horreur ce tems
d'aveuglement et de crime, où elle avoit
vendu le sang de son roi. Mais bientôt le duc
d'Hamilton vint changer ces heureuses dispositions ; il représenta Jacques comme un
tyran et un oppresseur qui avoit justement
perdu le trône par son despotisme et ses usurpations. L'assemblée entraînée par l'éloquence et subjuguée par le crédit d'Hamilton, décida que ce prince ayant exercé la
puissance royale sans avoir prêté le serment
prescrit par les lois, ayant attaqué la constitution de l'état et violé les lois et la liberté
de la nation, il avoit perdu tous ses droits à
la couronne, et que le trône étoit vacant.
Mais bientôt ce peuple inquiet et féroce

adopta d'autres principes : le parlement écossais déclara l'autorité de Guillaume contraire à ses priviléges et à ses lois. Le roi redouta une révolution ; il ajourna le parlement. La nation écossaise prit les armes : le comte de Dundée ravagea le royaume et porta par tout la désolation et le carnage. Le général Murai marcha contre Dundée ; tailla en pièces son armée : il périt dans le combat. Les insurgens vaincus perdirent tout espoir ; ils implorèrent la clémence du vainqueur. L'Ecosse subit le joug étranger ; elle abolit l'épiscopat qui étoit en horreur dans ce royaume.

Les troubles de l'Irlande apportèrent de nouvelles alarmes : le duc de Tyrconel, puissant par son crédit et ses richesses, soutenoit les droits de Jacques. Il parcouroit les provinces, sollicitoit des alliances, levoit des troupes, publioit des manifestes contre Guillaume ; mais tandis que ce guerrier hardi et courageux s'occupoit à rétablir Jacques sur le trône, ce prince, environné de prêtres, récitoit des prières, chantoit des cantiques, faisoit célébrer des messes solemnelles, ne parloit que du bonheur des saints : c'étoit un spectacle risible de le voir toucher des écrouelles. Soit que les rois anglais se soient attribués ce singulier privilége, comme prétendans à la couronne de France , soit que cette cérémonie fut établie chez eux depuis le tems du premier Edouard ; si une pareille démence n'est pas criminelle , elle excite la pitié et les regrets du philosophe qui gémit sur le délire et les extravagances de l'esprit humain.

Cependant Jacques abandonna un moment ces cérémonies bizarres et ces farces puériles ; il partit pour Dublin avec une escadre considérable, accompagné d'Avaux, ambassadeur qui le suivoit avec pompe. Il assiéga Londondery ; Rozen, général français, somma le commandant de capituler ; il traîna jusques sur les murs de la place quatre mille protestans comme des victimes destinées au supplice. Cet acte de férocité excita le courage et le désespoir des assiégés ; ils firent des prodiges de valeur , et forcèrent Jacques à lever le siège. Cependant ce prince étoit maître de Dublin et de quelques autres places. Pendant que ses généraux cherchoient à fortifier son parti, Jacques proscrivoit tous ceux qui ne venoient point se ranger sous ses étendards. Malgré les leçons qu'il avoit reçues de la fortune, ce prince ne se corrigea point : sans doute il falloit que son fanatisme ou ses malheurs eussent comprimé son ame et troublé sa raison ; il paroissoit moins occupé à reconquérir son trône, qu'à relever les autels du catholicisme ; toujours inconséquent, toujours injuste, il violoit ouvertement ses promesses et ses sermens. Tandis que cet ardent et imprudent missionnaire déclaroit qu'il ne vouloit point forcer les consciences, il poursuivoit les protestans avec le fer et le feu. Jacques renouvela en Irlande ce qu'il avoit déjà fait en Angleterre à l'égard des universités. Il expulsa du collège de Dublin le président, les professeurs, les élèves, s'empara de leurs effets ; forma des casernes de cet antique et superbe édifice, dépouilla les évêques de leurs bénéfices, de leurs priviléges, de leur jurisdiction ; altéra les monnoies, multiplia les confiscations, protégea les délateurs et établit une inquisition odieuse sur les opinions et les consciences. Cette conduite contraire aux règles de la politique et aux principes de la morale chrétienne, devoit nécessairement détruire son parti et produire de nouveaux malheurs et de nouvelles humiliations. Tandis que Jacques triomphoit dans la capitale, les provinces se soulevèrent contre lui, les protestans, dont l'oppression exaltoit le courage et entretenoit l'activité du fanatisme, faisoient par tout une défense désespérée. Les secours qu'ils attendoient de l'Angleterre arrivèrent avant que Jacques pût s'emparer d'une seule place ni frapper un coup décisif.

Guillaume ayant équippé une flotte et levé une armée, partit pour l'Irlande, et laissa à la reine la régence du royaume. Jacques attendoit de nouveaux secours de la France ; il n'avoit d'autre parti à prendre que celui de se renfermer dans quelque place forte ; mais ce prince marcha au-devant de l'ennemi : il fut vaincu : le brave Schombert périt dans le combat. Jacques partit pour la France laissant Dublin ouvert au vainqueur qui en prit possession. Cet événement fut d'autant plus heureux pour Guillaume, que la veille même les flottes combinées d'Angleterre et de Hollande avoient été dispersées par une escadre française destinée à se réunir à Jacques ; ce jour même les Hollandais avoient été battus à Fleurus par le maréchal de Luxembourg ; ce guerrier avoit dans le caractère des traits du grand Condé, dont il étoit l'élève. Un génie ardent, une exécution prompte, un coup-d'œil juste, un esprit avide de connoissances, mais vaste et peu réglé, plongé dans les intrigues des femmes, toujours amoureux et même souvent aimé, quoique

An 1690.

contrefait et d'un visage peu agréable ; il avoit les qualités d'un héros, mais il ne possédoit point les qualités d'un sage. Dans une autre action, Catinat, philosophe sensible et vertueux, au milieu des grandeurs et des horreurs de la guerre, tailla en pièces les troupes commandées par le duc de Savoye ; en sorte que si Jacques, comme on l'avoit calculé au conseil de Versailles, au lieu de hasarder une bataille, eût défendu les places dont il étoit le maître, et eût temporisé comme sa situation l'exigeoit, il eût reçu promptement les secours nécessaires pour se maintenir en Irlande ; et ce qu'il y a de plus étonnant, c'est qu'à cette première faute il ajouta la précipitation d'une fuite qui n'étoit pas encore forcée, puisque le comte de Lauzun, qui commandoit les troupes françaises, tint encore long-tems la campagne et força Guillaume à repasser en Angleterre avant d'avoir achevé la conquête de l'Irlande.

Après avoir employé quelque tems à haranguer le parlement, à lui faire un étalage pompeux de l'éclat qu'il alloit donner aux armées britanniques, en humiliant l'orgueil et la puissance de la France, Guillaume obtint cent millions de subsides qui furent une addition à la masse énorme des dettes de l'état.

Ce prince se rendit ensuite à la Haye, où il trouva rassemblés les ministres d'Italie, de l'Empire, de l'Espagne, de Suède, de Danemarck, les électeurs de Brandebourg, de Bavière et plusieurs autres princes allemands qui représentoient cette ligue redoutable destinée à combattre Louis et à renverser son trône. Guillaume harangua le congrès ; s'en déclara le protecteur : il n'attendit pas qu'on le nommât le chef de la confédération, il promit d'en être le vengeur ; il promit de détruire l'oppresseur commun de l'Europe. Le pape se réunit à cette ligue redoutable. L'armée des confédérés étoit composée de deux cent cinquante mille hommes. Cette coalition puissante avoit conçu des projets aussi vastes qu'extravagans : elle vouloit forcer Louis XIV à faire des réparations au saint-siége et au pape Innocent XI. Ensuite comme s'ils n'avoient en vue que de réformer les abus du gouvernement français, ils s'engageoient à faire rétablir dans ce royaume la liberté de conscience, les anciennes prérogatives de la noblesse, du clergé, du tiers-état ; l'autorité des parlemens, les privilèges des villes et des communautés, à faire supprimer les impôts alors existans et à rendre le prince incapable d'en lever à l'avenir sans le consentement

des états. C'étoit sans doute un spectacle curieux de voir des rois qui exerçoient dans leurs
états un despotisme absolu, se liguer pour
défendre en France les droits du peuple et
établir un gouvernement républicain. La
coalition comprit qu'il n'avoit ni la force, ni
le pouvoir d'opérer cet étrange nouvel ordre
des choses. Un peuple qui veut changer sa
constitution et ses lois, n'a pas besoin des secours étrangers : lorsqu'il a la volonté de faire
une révolution, il en a toujours la puissance
et rien ne peut résister à cette force nationale.
Ce peuple seroit bientôt trahi, s'il confioit
ses destinées à des nations voisines, il de-
viendroit la conquête de ces alliés perfides,
intéressés à perpétuer cette longue anarchie
qui, après avoir fait parcourir aux peuples
tous les degrés de l'infortune, les conduit à
l'esclavage.

La coalition adopta un nouveau systême
qui annonça son impuissance et sa lâcheté :
elle invita le peuple français à s'insurger
contre son roi, menaçant de ne jamais par-
donner à ceux qui ne prendroient pas les
armes pour le combattre. Ce projet de révolte
étoit à-la-fois un délire et une violation de
tous les principes de la morale, de la politique et des droits des nations. Louis XIV

s'amusa du zèle fervent de Guillaume pour les intérêts du saint-siége et la gloire du pontife ; il brava la ligue et son manifeste odieux, prit Nice en présence des confédérés , et formant en personne le siège de Mons , l'emporta d'assaut à la vue de leur armée commandée par Guillaume , qui repassa en Angleterre pour dévorer sa honte et ses humiliations.

Guillaume fut plus heureux en Irlande : Ginkle , son général , s'empara de plusieurs villes ; les Irlandais se soumirent au vainqueur. Ces succès et ces conquêtes énorgueillirent Guillaume , naturellement fier et présomptueux : il fit au parlement le détail fastueux de ses victoires, promit de nouveaux triomphes et demanda des subsides. Cependant on souffroit impatiemment la domination de Guillaume : on se plaignoit d'une guerre désastreuse qui épuisoit les finances de l'état et le sang de la nation, sans augmenter sa puissance et son territoire : on reprochoit au roi son orgueil et son ingratitude ; on l'accusoit d'ériger la corruption en système, pour établir son despotisme. En Ecosse, il se formoit une confédération redoutable. Guillaume étoit tolérant par caractère et par politique, et ne fut jamais

superstitieux, quoiqu'il protégea les presbytériens. Cette secte humiliée et presque
anéantie vouloit sortir de ses ruines, elle
mit à profit le crédit dont elle jouissoit auprès du roi pour renouveller les factions et
exciter les furenrs du fanatisme. Les épiscopaux voulurent porter un dernier coup et
détruire ces sectaires qui combattoient leurs
priviléges et leur pouvoir : ils exhortèrent le
peuple à prendre les armes. Déjà l'étendard
de la guerre civile étoit arboré, mais Guillaume parvint par sa prudence à arrêter les
progrès de cette insurrection.

Guillaume partit pour la Hollande. Il fut
instruit des nouveaux préparatifs militaires
que Jacques faisoit pour remonter sur le
trône. Louis XIV avoit fourni à ce prince
une armée de vingt mille hommes qui, sous
la protection d'une escadre considérable,
devoit débarquer sur les côtes britanniques
avant que les flottes anglaises et hollandaises
pussent se réunir ; mais la mer fut impraticable pendant près de deux mois ; les retards
forcés que causa cet accident, donnèrent
aux escadres ennemies le tems de se rap-
procher ; mais comme la mer étoit chargée
de brouillards épais, l'amiral français, qui
avoit ordre d'attaquer avant la réunion,

ne pût pas être instruit si elle avoit été faite,
il combattit les deux flottes avec des forces
si inférieures, qu'il fut battu et obligé de
rentrer dans le port. Le combat de la Hogue
dura dix heures : les Anglais poursuivirent
pendant deux jours les débris de la flotte
vaincue.

La bataille de la Hogue détruisit les espérances de Jacques, et affermit Guillaume
sur le trône conquis. Les jacobites ne formèrent plus qu'un parti foible et impuis-
sant. Malgré ce brillant succès, la guerre
que soutenoit l'Angleterre n'en étoit pas
moins désastreuse et humiliante. Louis XIV,
parcourant le cours de ses victoires avec une
rapidité qui frappoit l'Europe d'étonnement
et d'effroi, prit Namur à la vue de Guillaume, qui s'efforçoit de réparer, s'il étoit
possible, cette perte qui pouvoit lui nuire
dans l'esprit des alliés, il fit quelques ten-
tatives sur Mons ; mais cette entreprise ne
lui ayant point réussi, il sentoit encore davantage combien il lui étoit important pour
sa gloire de faire quelque action d'éclat, qui
soutint la haute réputation que le préjugé
seul lui avoit accordée, ce titre de généra-
lissime, qu'il avoit pris lui-même, ces promesses pompeuses qu'il avoit faites au par-

lement et à ses alliés, les regards de l'Europe fixés sur lui, tout l'engagea à tenter quelque entreprise extraordinaire qui pût justifier ses promesses, et soutenir sa renommée. Guillaume attaqua le maréchal de Luxembourg, mais il fut vaincu à Steinkerque. Humilié et frémissant de rage, il chercha à attribuer la honte de cette fatale journée à quelques officiers, qu'il accusa de trahison et qu'il fit pendre. Les historiens anglais ont été forcés d'avouer que cette défaite fut une suite nécessaire de l'énorme disproportion qui se trouvoit entre les talens militaires de Luxembourg et ceux de Guillaume. On chanta cependant, à Londres, un *Te Deum* pour remercier le ciel de l'heureux retour du prince, et de ce qu'il n'avoit point péri dans l'action. Cette basse adulation ne convient qu'à des courtisans vils et à des esclaves dégradés.

Guillaume remercia le parlement, promit d'attaquer les Français dans leur propre pays, demanda des subsides qui lui furent accordés, et retourna en Hollande. Tandis que le corps législatif trahissoit les intérêts du peuple, en prodiguant des éloges et des subsides à un roi inquiet et ambitieux, la nation lui reprochoit d'épuiser le trésor de

l'état pour satisfaire ses haînes et ses vengeances. Cette effervescence ne fut que passagère : le peuple oublioit ses droits et sa
liberté pour ne s'occuper que des moyens
d'augmenter ses richesses. Le luxe et le
commerce avoient corrompu les mœurs publiques, ce germe de séduction qui bientôt
sera érigé en système politique, et qui fera
la base des principes du gouvernement pour
dégrader les représentans de la nation, commençoit à se développer, et à répandre
son influence funeste dans le sanctuaire des
lois.

Louis XIV avoit ouvert la campagne par
la dévastation du Palatinat. Il avoit en
vue, dit Voltaire, d'empêcher les ennemis
d'y subsister plus que celle de se venger de
l'électeur palatin, qui n'avoit d'autre crime
que d'avoir fait son devoir en s'unissant au
reste de l'Allemagne contre la France. Il
vint à l'armée un ordre de Louis, signé
Louvois, de tout réduire en cendres. Quel
est l'homme insensible et féroce qui ne
verse des larmes contre cet attentat qui fit
pâlir l'humanité et trembler l'Europe ! Les
généraux français firent signifier, au milieu
des glaces et des frimats de l'hiver, aux
citoyens de toutes ces villes si florissantes,

aux habitans des villages qu'il falloit quitter leurs demeures et qu'on alloit les détruire par le fer et par les flammes. Hommes, femmes, vieillards, enfans tous sortirent pour n'être pas embrâsés, par le volcan ou égorgés par le glaive; une partie fut errante dans les campagnes, une autre chercha un asyle dans les contrées voisines, pendant que le soldat qui, passe toujours les ordres de vengeance et de fureur, et qui n'exécute jamais ceux de la clémence, portoit par-tout la désolation, l'incendie et la mort. On commença par Manheim, séjour des électeurs; leurs tombeaux furent ouverts par la rapacité des soldats, qui croyoient trouver des trésors dans ces asyles de la mort et du néant. C'étoit pour la seconde fois que ces belles contrées étoient livrées à la destruction; mais les flammes dont Turenne avoit brûlé deux villes et vingt villages du Palatinat, n'étoient que des étincelles en comparaison de ce dernier incendie. Quel est l'homme barbare qui conseilla cet horrible attentat? c'est Louvois; quel est ce roi féroce qui, au milieu de ses plaisirs, signa cet arrêt de destruction? c'est Louis XIV. Historiens de tous les pays, ne cessez de dévouer à la haîne et à l'exécration des siècles, les auteurs et les complices de cette conspiration contre l'humanité. Fermez vos cœurs à la clémence et à la pitié, et faites des vœux pour que ces meurtriers de l'espèce humaine, et ces dévastateurs de la terre, expient dans des feux éternels ces forfaits inconnus aux Attila et aux Gengiskan.

Guillaume vola au camp des alliés et prit le commandement de l'armée ; il déclara qu'il se réjouissoit de combattre Luxembourg. Le maréchal qui connoissoit le caractère vain et le génie frivole de ce prince, feignit de vouloir attaquer quelques villes qui furent bientôt secourues par Guillaume. Luxembourg ayant ainsi affoibli les forces de l'ennemi, tomba tout-à-coup sur son camp, le força et dispersa ses troupes. Guillaume perdit à la bataille de Nevuinde quinze mille hommes, son artillerie et ses bagages : peu de combats furent plus meurtriers. C'est à cette occasion qu'on disoit qu'il falloit chanter *plus de profondis que de te deum*. Quelle est donc cette férocité de l'homme qui veut rendre le ciel complice du sang qu'il fait verser ! un jour de bataille doit être un jour de deuil et de larmes ; un crêpe funèbre doit s'étendre dans les temples sacrés et dans le

An 1695.

sanctuaire des lois : les prêtres d'un dieu de paix doivent gémir entre le vestibule et l'autel, et prier sans cesse le dieu de miséricorde d'envoyer un ange de force et de puissance pour arracher des mains homicides le glaive de la vengeance et de la mort dont elles sont armées. Offrir au ciel des sacrifices et des prières pour bénir un jour de carnage, c'est un attentat contre la divinité et un outrage à l'humanité : un dieu de clémence et de paix doit abhorrer les vœux et les hommages de ces impies sacrificateurs qui viennent invoquer sa justice et implorer ses bienfaits les mains teintes de sang.

La flotte française s'empara ou coula à fond seize vaisseaux ; Guillaume, consterné par des pertes multipliées, remit le commandement de l'armée à l'électeur de Bavière ; passa en Hollande et en Angleterre pour apprendre à ces deux nations qu'elles avoient été vaincues sur terre et sur mer. Il crut relever l'espoir et exciter le courage des alliés, en leur annonçant que bientôt il sauroit enchaîner la victoire à son char. Les deux peuples lui accordèrent des subsides : les Hollandais avoient des trésors, les Anglais possédoient un papier représentatif du numéraire ; ils en mirent en circulation pour dix millions ster-

lings. Comme ces billets formoient une partie
de la fortune publique , et que ce sysême de
finances exigeoit l'attention et la sollicitude
du gouvernement , on en confia l'administration à des directeurs dont le bureau cons-
titue ce qu'on appelle aujourd'hui la banque
d'Angleterre.

A peine les subsides eurent-ils été accordés
et reçus, que de nouveaux besoins et de nouveaux événemens en exigèrent de plus considérables. Louis XIV avoit alors réuni toutes
ses forces contre l'Espagne : cette puissance
demanda à Guillaume son alliance. A l'instant une flotte mit à la voile pour bombarder
Dieppe , le Hâvre , Saint-Malo , Dunkerque ,
et Calais. Guillaume fit le siège de Namur ;
on avoit en France prodigué des éloges à
Louis XIV pour l'avoir prise , des railleries
et des satyres indécentes contre Guillaume ,
pour ne l'avoir pu secourir avec une armée de
quatre-vingt mille hommes : Guillaume s'en
rendit maître de la même manière qu'il l'avoit
vu prendre. Ce fut à cette époque que Marie
mourut ; sa perte fut vivement sentie en Angleterre , où d'abord on avoit desiré de la faire
monter seule sur le trône , où l'on regretta ensuite de n'avoir point forcé Guillaume à partager avec elle les droits de la royauté. Pendant

l'absence de ce prince, Marie fut chargée de la régence ; elle développa dans son administration les principes de la sagessé et de la justice, et obtint par ses vertus la confiance et l'estime publique. Cette princesse étoit chérie par sa douceur et son affabilité : toujours d'un caractère égal, aucune passion ne l'agitoit ; elle eût laissé une gloire pure et une mémoire sans tache, si elle n'eût point été complice de l'usurpation de son époux. Guillaume parut peu sensible à la mort de Marie : l'histoire ne pardonne point à ce prince d'avoir été le même jour au parlement sanctionner des bills qu'il auroit pu faire approuver par une commission. Cependant l'Angleterre, la France et les autres puissances de l'Europe commençoient à sa lasser d'une guerre ruineuse et meurtrière. Louis XIV, avant d'accepter les propositions de paix qui lui avoient été offertes, voulut hasarder un dernier effort pour soutenir les droits de Jacques ; il leva une armée considérable qu'il dispersa dans les environs de Calais, prête à s'embarquer au premier signal. On fit passer en Angleterre quelques émissaires pour préparer à cet événement ceux que l'on savoit être secrètement attachés aux intérêts du prince détrôné. Les jacobites se réunirent pour seconder les dispositions de Louis ; ils formèrent le projet de s'emparer de Guillaume lorsqu'il iroit à la chasse , et de le poignarder. On ne décidera point si Jacques étoit instruit de cet assassinat projeté : l'évêque Burnet , homme de génie , historien profond , mais qui a déshonoré ses talens par ses emportemens et ses fureurs contre le catholicisme , pense qu'il en avoit connoissance ; d'autres historiens contestent ce fait , et opposent à l'autorité du prélat anglican le témoignage des conjurés qui ont justifié ce prince de cette accusation. Cette conjuration fut funeste à Jacques , puisque le secret de la descente projetée fut découvert ; elle ne pût point s'effectuer , parce que la mer à l'instant fut couverte des vaisseaux anglais.

On ne vaincra jamais les Romains que dans Rome , disoit Mithridate ; on a souvent répété que c'est sur les bords de la Tamise et dans les murs de Londres que la France détruira le commerce , les comptoirs , les colonies , les provinces , les escadres , les vaisseaux et les ports de la nation britannique. Sans doute il seroit facile de compter les exemples de terreur que les menaces d'une invasion ont causées aux Anglais dans toutes les guerres. Les Romains , les Saxons , les

Danois, ont subjugué l'île britannique ; Guillaume, duc de Normandie, a conquis l'Angleterre, et Louis VIII en a été proclamé roi
à Londres. Mais depuis l'invention de la
poudre et de l'artillerie foudroyante, les in-
vasions sont devenues plus dangereuses et
plus difficiles. Il faut être maîtres de la mer
et avoir de grandes flottes pour empêcher
que les Anglais ne viennent bloquer les ports
et brûler les bâtimens de ses ennemis ; à leurs
approches, l'Angleterre garniroit ses côtes
de canons et de pièces d'artillerie pour détruire leurs vaisseaux ; les vents et les orages
pourroient disperser les escadres ennemies.
On se rappelle que sous le règne d'Elisabeth,
Philippe, roi d'Espagne, fit équipper une
flotte appelée l'*Amada*, destinée à conquérir
l'Angleterre : une tempête horrible la dispersa ; une partie périt, l'autre rentra dans
les ports espagnols.

Le peuple anglais se leveroit en masse
pour combattre des ennemis qu'il regarde-
roit comme les destructeurs de sa constitution, de ses lois, de son gouvernement ; il
appeleroit à son secours toutes les troupes qui
sont sur le continent, et stipendieroit des
armées allemandes. Tous les partis, toutes
les factions se réuniroient, et il seroit diffi-

cile d'exterminer une nation qui préféreroit
la mort au renversement de ses lois et à la
chûte du trône. Autant le peuple anglais est
indifférent pour sa religion, autant il est fanatique pour sa constitution : il chérit son roi
et il sacrifieroit son sang et ses trésors pour
le défendre. Toutes les classes de la société,
depuis le lord jusqu'à l'artisan, sont sincère-
ment attachés à leur gouvernement et à leur
constitution. On verra bien dans les contrées
britanniques quelques mouvemens, quelques
révolutions passagères, mais il y a un esprit
public de patriotisme, un orgueil national
qui enfantent des prodiges et qui empêche-
ront une insurrection générale ; pour opérer
une révolution, il faudroit conquérir l'Angleterre et exterminer la nation. Il sembloit
que la guerre de l'Amérique devoit préparer
ce grand événement : une faction puissante
agitoit l'Irlande et parloit déjà de se séparer
de l'Angleterre ; la confusion et l'anarchie
régnoient en Ecosse. Londres étoit menacé
d'une prochaine destruction ; quarante mille
hommes étoient prêts à porter la dévastation
et la mort. L'Angleterre soutenoit une guerre
longue et meurtrière contre des puissances
redoutables. Le gouvernement britannique
a dissipé cette confédération générale qui

sembloit annoncer sa destruction, et dans ses efforts pour prévenir sa chûte, il a montré une fermeté et un courage qui ont étonné l'Europe, et a acquis de nouvelles forces, et une nouvelle grandeur. Sans doute l'Angleterre périra, mais des causes morales opéreront la dissolution d'un gouvernement qui va au despotisme par la corruption, à la gloire par le machiavélisme, et à la puissance par l'usurpasion.

La guerre se ralluma avec plus de fureur que jamais, mais il n'y eut aucun événement mémorable, si l'on en excepte le bombardement de Calais. Enfin, le traité de Risvich mit un terme à cette guerre qui coûta à l'Angleterre onze cent millions, et qui épuisa sa population. Louis sacrifia presque toutes ses conquêtes, et abandonna les fruits de ses victoires pour affermir Guillaume sur le trône. Il promit de ne donner aucun secours à ses ennemis. Jacques, dont le nom fut omis dans le traité, resta dans Saint-Germain avec le nom inutile de roi, et vécut des pensions de Louis XIV. Il fut sacrifié par son protecteur à la nécessité et fut bientôt oublié de l'Europe. La famille des Stuards n'a éprouvé que des revers et des malheurs. L'Europe vit avec indifférence ses infortunes, ses humiliations, son désespoir. Les nouveaux efforts que firent Louis XIV, le régent et Louis XV, pour défendre ses droits, ne servirent qu'à mieux lui faire sentir toute l'horreur de sa destinée en multipliant les malheurs de la guerre, et en livrant à la férocité du vainqueur et au glaive des bourreaux les défenseurs de cette race infortunée.

Guillaume ne jouit pas long-tems des avantages et des douceurs de la paix ; de nouveaux événemens produisirent des divisions intestines qui ne commencèrent à s'appaiser qu'au moment où il falloit reprendre les armes. Le roi avoit demandé une force militaire toujours subsistante, destinée à affermir et à faire respecter son autorité. On s'éleva avec force contre cette proposition qui tendoit à établir le despotisme et à préparer des fers au peuple. La nation, disoient les opposans, perdra bientôt ses libertés et ses priviléges, si des troupes mercénaires sont aux ordres du gouvernement ; alors les élections et les parlemens dépendront des empires et des volontés de la cour ; le royaume n'est-il pas défendu par l'océan qui l'environne ? ne peut-il pas former une milice régulièrement occupée de l'exercice des armes ? cette milice n'auroit-elle pas plus de zèle pour la patrie que des soldats stipendiés ? et en y joignant une flotte considérable, ne mettroit-on pas l'empire à l'abri de toute invasion ? Il fallut céder au vœu général et abandonner un projet qui flattoit l'ambition et le despotisme du roi. Guillaume se plaignit de la méfiance et de l'ingratitude de son peuple, et parut se repentir d'avoir accepté la couronne d'Angleterre à des conditions qui limitoient ses droits et son pouvoir.

Charles II, roi d'Espagne, étoit expirant; trois concurrens se présentoient pour recueillir une immense succession, le roi de France, comme petit-fils de Philippe III, le prince de Bavière et l'archiduc Charles, fils de l'empereur Léopold. On n'entreprendra point de discuter la préférence qui étoit due à leurs prétentions : aucun prince n'y avoit aucun droit; c'étoit à la nation à disposer du trône et à donner à un chef digne de sa confiance l'exercice de sa souveraineté. L'Europe étoit menacée d'une guerre générale. Louis XIV, qui paroissoit desirer la paix pour prévenir l'effusion du sang, crut qu'il falloit diviser la monarchie espagnole : il se contentoit pour sa famille du royaume de Naples, de Sicile,

et de quelques autres possessions en Italie ;
il donnoit à la maison de Bavière l'Espagne,
les Pays-Bas et les Indes occidentales : il ne
restoit au fils de l'empereur que le duché de
Milan. Ce projet de partage avoit été communiqué secrètement à Guillaume, qui l'a-
voit approuvé sans consulter le parlement.
Quelque tems après, le prince de Bavière
étant mort, les intrigues recommencèrent à
la cour de Madrid, à Vienne, à Versailles,
à Londres, à la Haye et à Rome ; il fallut
procéder à un nouveau partage entre les deux
concurrens qui restoient, et on fit un traité
de garantie entre l'Angleterre, la Hollande
et la France. Le cardinal Portocarero et les
grands d'Espagne qui avoient connoissance
de ce partage, représentèrent à Charles mou-
rant, combien il seroit dangereux de laisser
démembrer une monarchie si brillante et si
redoutable : l'idée de voir vingt-deux cou-
ronnes transportées dans une maison rivale
et ennemie de l'Espagne, avoit plongé Charles dans des sombres inquiétudes ; enfin après
des combats et des irrésolutions, ce prince
suivit les conseils de son ministre et des
grands du royaume. On ne s'attendoit pas à
cet effort de magnanimité. Charles étoit un
prince sans caractère et sans énergie. Par

son testament, le duc d'Anjou, petit-fils de Louis XIV, fut déclaré héritier de tous ses états.

Charles d'Autriche, après avoir signé la ruine de sa maison et la grandeur de celle de Bourbon, acheva, à l'âge de trente-neuf ans, la vie obscure qu'il avoit menée sur le trône. Peut-être, dit Voltaire, il n'est pas inutile pour faire connoître l'esprit humain, de dire que quelques mois avant sa mort, ce monarque fit ouvrir à l'Escurial les tombeaux de son père, de sa mère, de sa première femme, Marie-Louise d'Orléans dont il étoit soupçonné d'avoir permis l'empoisonnement. Il baisa ce qui restoit de ces cadavres, soit qu'en cela il suivit l'exemple de quelques rois d'Espagne, soit qu'il voulut s'accoutumer aux horreurs de la mort, soit qu'une secrète superstition lui fit croire que l'ouverture de ces tombes retarderoit l'heure où il devoit être porté dans la sienne.

Louis XIV fit proclamer le duc d'Anjou, son petit-fils, roi d'Espagne. Guillaume redouta que la grandeur des Bourbons n'anéantit la liberté de l'Europe ; déjà il cherchoit des alliances, et exhortoit les souverains à former une confédération contre la France. Chaque puissance fit ses préparatifs pour

soutenir la guerre. Il étoit impossible que le
parlement ne fût point instruit et du traité
et du testament du roi d'Espagne. Les deux
chambres demandèrent à Guillaume la noti-
fication de tous les traités pour examiner les
intérêts et les droits de la nation dans un
objet aussi important. Le parlement manifesta sa surprise et son mécontentement de
ce que le roi avoit violé la constitution de
l'état, en négociant à son insu, et en con-
cluant des traités sans les soumettre à la
sanction du corps législatif. Les pairs et les
communes dressèrent séparément des remontrances énergiques ; mais comme par une loi
fondamentale, *le roi n'a jamais tort,* on attaqua les ministres qui, par l'ordre du roi,
avoient réglé les différentes négociations.
Les communes lancèrent un décret d'accusation contre cinq ministres dont elles demandèrent la destitution. Guillaume n'eut pas
le courage de s'opposer au décret des communes : il consentit à renvoyer les cinq ministres dénoncés. Ici, s'éleva une contestation entre les communes et les pairs. Les
premières prétendirent qu'elles avoient le
droit de juger les ministres accusés ; les pairs
leur contestèrent ce privilège ; eux seuls,
par la constitution, doivent juger ceux qui

sont accusés par la chambre des communes, autrement elles réuniroient deux pouvoirs contradictoires et contraires aux véritables principes de la justice. Le tribunal qui accuse ne peut pas juger ; l'accusateur qui veut s'arroger ce droit est un véritable usurpateur, et un tyran qui brûle de répandre le sang de son ennemi. Les chartres furent consultées, et après des débats tumultueux la chambre des pairs fut maintenue dans le droit de juger les ministres dénoncés par les communes. Bientôt elle proclama leur innocence.

Le parlement régla la succession au trône. Le duc de Glocester étoit mort, c'étoit le seul enfant qui restoit du mariage d'Anne, épouse du prince de Dannemarck, et héritière du trône. On exclut de la succession tout prince catholique pour la fixer dans la ligne protestante. Le parlement décida constitutionnellement, 1°. que le prince qui monteroit sur le trône britannique seroit uni de communion avec l'église anglicane ; 2°. que s'il étoit étranger, la nation ne prendroit aucune part, sans le consentement du parlement, à aucune guerre pour défendre les états qu'il posséderoit hors du royaume ; 3°. qu'il ne pourroit sortir de l'Angleterre, d'Ecosse et d'Irlande sans un décret du corps législatif ; 4°. qu'aucun étranger, fut-il naturalisé et regnicole, à moins qu'il ne fût né de parens anglais, ne pourroit entrer au conseil, ni devenir membre du parlement, ni posséder aucune place de confiance, ni obtenir par concession de la couronne aucune terre, ni héritage ; 5°. que quiconque tiendroit du roi une pension ou quelque emploi lucratif, ne pourroit être membre des communes ; 6°. enfin, qu'un pardon, scellé du grand sceau, ne pourroit valoir contre une accusation faite par la chambre des communes. On déclara ensuite que la princesse Sophie, duchesse-douairière d'Hanovre, petite-fille de Jacques Ier., étoit la plus proche héritière du trône dans la ligne protestante, après les descendans respectifs du roi et de la princesse Anne, fille de Jacques II. La religion fit sacrifier la maison de Savoie à celle de Hanovre, qui étoit plus éloignée de la succession au trône.

Guillaume consentit à laisser poser les limites dans lesquelles le parlement vouloit renfermer l'autorité royale, pourvu qu'il lui fournit les moyens de combattre Louis et d'humilier la France. Cependant, malgré les apparences d'une guerre inévitable, l'An-

gleterre et la Hollande avoient reconnu le
duc d'Anjou pour l'héritier du trône d'Espagne. L'empereur Léopold demanda à ces
deux puissances la garantie stipulée par les
traités. Guillaume se rendit à la Haye. La
Grande-Bretagne et les Provinces-Unies se
liguèrent avec l'empereur pour le rendre
maître des Pays-Bas Espagnols, de Naples,
de la Sicile et du Milanez. Le parlement accorda au roi des subsides, déclara Jacques
coupable de haute trahison, et prononça un
bill de proscription contre ses défenseurs.
Ce fut alors que Louis XIV promit à ce
prince expirant de faire reconnoître le prétendant, son fils, roi d'Angleterre, d'Ecosse
et d'Irlande, et en effet il le fit proclamer
roi après la mort de son père. Cet acte étoit
une véritable violation du traité de Risvich.
Jacques mourut à Saint-Germain. Peu de
rois furent plus malheureux que lui; et il n'y
a aucun exemple dans l'histoire d'une maison
si long-tems infortunée. Le premier des rois
d'Ecosse, ses ayeux, qui eût le nom de Jacques, après avoir été pendant dix-huit ans
prisonnier en Angleterre, mourut assassiné
avec sa femme, par la main de ses sujets;
Jacques II, son fils, fut tué à 29 ans en com-
battant contre les Anglais; Jacques III,

mis en prison par son peuple, fut tué ensuite par les insurgés dans une bataille ;
Jacques IV périt dans un combat, où il fut
vaincu ; Marie Stuard, sa petite-fille, chas-
sée de son trône, fugitive en Angleterre, eut
la tête tranchée ; Charles Ier. périt sur l'é-
chafaud. Il existe une destinée malheureuse
qui fait éprouver ses horreurs à des familles
entières. Ce n'est point le hasard, qui n'est
qu'un mot vague, qui produit cette fatalité :
le hasard change, varie ses opérations et ne
se fixe sur aucun objet. C'est ici un mystère
de la nature que l'homme ne pourra jamais
connoître.

Jacques eut des talens guerriers. Le sage
Turenne honora, par ses éloges, ses exploits.
Il fut savant dans l'art de la marine et dans
la science du commerce ; grand-amiral avant
d'être roi, il avoit inventé l'art de commander la manœuvre sur les flottes par les
signaux des pavillons ; ses amis eurent à se
louer de sa constance, ses ministres de sa
fermeté, ses courtisans de sa franchise, ses
serviteurs de sa générosité, ses trésoriers de
son exactitude, ses alliés de sa fidélité, ses
enfans de sa bonté ; mais il ternit ces aimables qualités par son despotisme et ses
vengeances. Fier, il dédaigna de déguiser

ses prétentions , et laissa éclater trop ses vues ; violent, il méprisa les voies de l'insinuation , et voulut arriver à son but par la force et la superstition ; opiniâtre, il n'abandonna jamais ses entreprises , et il aimoit mieux tout perdre que de reconnoître ses erreurs et de les réprimer.

Un seul intérêt réunit tous les partis ; les préparatifs furent immenses ; Guillaume convoqua le parlement pour lui annoncer que le moment étoit arrivé d'affermir sur des basés inébranlables la constitution de l'état , et la religion nationale ; qu'il falloit prendre des mesures dignes de la grande nation, que les circonstances exigeoient de grands efforts et de nouveaux sacrifices ; qu'il se proposoit d'étendre la gloire de l'empire , d'établir la félicité publique , de tenir la balance de l'Europe , de veiller aux intérêts des protestans , de suivre les conseils et de profiter des lumières des représentans de la nation. Le parlement applaudit avec transport au discours du roi , et pour prix de son zèle et de sa confiance , il reçut des subsides considérables. Guillaume conclut le traité connu sous le nom de la grande alliance entre l'Empire , l'Angleterre et la Hollande , traité auquel quelques princes

Allemands accédèrent : on fit de nouveaux emprunts ; une flotte fut équipée avec une diligence incroyable ; le contingent de chaque puissance fut fixé à quarante mille hommes. Guillaume hâtoit les préparatifs militaires : son esprit ardent , dans un corps sans force et presque sans vie , agitoit tous ses sens , moins pour servir la maison d'Autriche que pour humilier Louis XIV. Il devoit se mettre à la tête des armées, lorsque la mort vint le frapper : une chûte de cheval acheva de déranger ses organes affoiblis ; une fièvre l'emporta. Il mourut , ne répondant rien à ce que des prêtres anglicans , qui étoient auprès de son lit , lui dirent sur leur religion , et ne marquant d'autre inquiétude que celle que lui donnoient les affaires de l'Europe.

'Le portrait de Guillaume nous a été transmis sous différens traits : un historien, dans un tems de faction et d'anarchie, ne consulte pas toujours la vérité ; entraîné dans un parti, il en suit les principes et en proclame la doctrine : son enthousiasme le conduit à l'erreur, et les passions qui l'agitent le rendent ou un flatteur complaisant , ou un censeur injuste. Guillaume, né avec une constitution foible et des talens médiocres , fut placé par la for-

An 1702.

tune sur un théâtre si important , que ses moindres mouvemens devoient en imposer : brave soldat , mauvais général , souple devant les parlemens , hautain avec ses alliés , arrogant lorsqu'il formoit ses projets , déconcerté après l'action , toujours battu et toujours complimenté , il ne cessa d'épuiser les trésors de l'état , et son peuple ne cessa de le remercier. Il fut rigide dans ses mœurs par tempérament , par ambition , par foiblesse , pour contraster avec le faste brillant de Louis XIV ; il affectoit de fuir les éloges , et sembloit mépriser les flateries , parce que le roi de France en étoit idolâtre. Froid , inquiet , avare , dissimulé , il n'eût ni l'art de connoitre les hommes , ni celui de les gagner par des bienfaits ; toujours sombre et rêveur , il avoit plus de jugement que d'imagination. Savant dans toutes les langues de l'Europe , il n'en parloit aucune avec agrément , et ne savoit ni apprécier les fruits du génie , ni récompenser les talens. Il n'avoit point acquis ces graces qui animent la conversation et embellissent le caractère : un silence , une réserve qui approchoient de l'humeur , lui étoient naturels dans le particulier , et sembloient indiquer non-seulement du dégoût pour la société , mais encore de la méfiance

envers les hommes. Il manquoit aux procédés
ordinaires de l'attention ; ses faveurs per-
doient beaucoup de leur prix par la froideur
avec laquelle il les accordoit. Il ne s'accom-
modoit pas assez aux dispositions du peuple,
qui lui avoit juré foi et hommage. Les infir-
mités de sa constitution, la dépression de
son état dans sa jeunesse, une expérience
funeste de trahison et de perfidie qu'il avoit
faite dans ses relations politiques avec les
hommes, la grandeur et le poids des affaires
qui pesoient constamment sur son esprit,
lui firent contracter une habitude de gravité
qui jete un voile sur les charmes de la vertu,
et contribue souvent plus que les vices même
à rendre le caractère repoussant. Guillaume
sacrifia toutes les vertus et toutes les affec-
tions de la nature à sa haîne, à ses vengeances et à sa sombre politique ; il n'aimoit point
le peuple, et il vouloit l'opprimer. Il fomentoit des guerres pour satisfaire son ambition
dévorante, pour établir son autorité oppressive, et pour remplir l'Europe du bruit de
sa gloire et de son nom. En élevant la nation
anglaise à un degré de gloire étonnant, il
détruisit sa morale et prépara la corruption
des mœurs publiques. On peut assurer, dit
un historien, que Guillaume fut aussi perni-

cieux pour l'Angleterre, que les Stuard : il créa le premier cette dette nationale, dont la masse progressive et étonnante produira un jour sa servitude et sa dégradation ; enfin il inspira aux Anglais cette frénésie de se mêler dans les querelles du continent, frénésie qui a fait verser tant de sang et épuiser tant de trésors, sans profiter à aucun peuple. Guillaume, quoique usurpateur, remplit les vœux de la nation ; il extirpa le catholicisme, assura la couronne à la ligue protestante, opposa quelque barrière à la grandeur et à la puissance de la France, exalta le courage et le génie du peuple, consolida la constitution, affermit les fondemens de la monarchie et défendit la liberté publique.

Ce fut sous le règne de Guillaume que le gouvernement anglais commença à contracter ces dettes énormes qu'il appelle aujourd'hui ses *fonds*, et dont la masse effraie les calculateurs financiers et les politiques éclairés. Il fallut à Guillaume des trésors pour repousser les forces de la France, et ce fut pour seconder l'ambition et pour satisfaire la haine de ce prince, que le parlement eut recours à cette voie dangereuse des emprunts, qu'on peut appeler l'art d'opprimer les générations futures ; art qui tend à détruire l'agri-

culture, le commerce, l'industrie, à introduire dans toutes les classes des citoyens
l'égoïsme et l'indifférence pour l'humanité ;
à produire un agiotage scandaleux et un systême d'immoralité qui éteignent les vertus
publiques. Le tems et les lumières ont donné plus de vigueur et de consistance à ces
principes de dépravation sur lesquels repose
cet édifice financier. Cette facilité d'em-
prunter a brisé les ressorts de la constitution
britannique, a opprimé son commerce, a
détruit son territoire et ses villes, a épou-
vanté le luxe lui-même par des droits multipliés par la fiscalité. C'est depuis cette époque,
dit un philosophe, que l'esprit de conquête
a pris une nouvelle forme, et que les rois plus
jaloux de reculer les bornes de leurs domaines
que de rendre leurs peuples libres et fortunés,
se sont ruinés à l'envi et ont dépeuplés leurs
propres états pour régner sur de nouveaux
déserts. On ouvrit un bureau où les porteurs
du numéraire recevoient pour équivalent des
billets d'état qui produisoient quarante-cinq
et jusqu'à cinquante pour cent, opération
qui causa dans les fortunes des particuliers
la même révolution qu'apporta en France le
systême de *Law*, avec cette différence cependant qu'en Angleterre ces *fonds* subsistent

encore, et forment aujourd'hui une portion de richesses fictives ou réelles de la nation. Quoique le prodigieux accroissement de cette dette prouve l'étendue des ressources et du crédit de la Grande-Bretagne, l'on ne sauroit cependant douter que les contributions annuelles, destinées à payer les intérêts, ne soient inférieures à ses forces. La plus légère erreur, la moindre méfiance sur les principes et la base de son crédit, peuvent bouleverser l'état et le conduire à sa dissolution. L'Angleterre n'est point assez riche pour payer le capital de sa dette immense : le produit de la vente de son territoire et de ses domaines ne pourroit point fournir au reimboursement des créanciers de l'état : les emprunts nécessitent les impôts, et les impôts multipliés produisent les murmures et les insurrections des peuples, et préparent ces révolutions qui ébranlent les empires et renversent les trônes.

L'établissement des fonds publics sur le crédit national, dit Bolinbroke, a causé plus de maux que les taxes elles-mêmes; non-seulement en augmentant les moyens de corruption et le pouvoir de la couronne, mais sur les effets qu'il a produit sur l'esprit de la nation, sur les mœurs et sur la morale. On

ne peut voir sans la plus vive douleur les
conséquences inévitables de cet établissement, ni regarder sans indignation ce mystère d'iniquité auquel il a donné naissance,
et qu'il a soutenu pendant près d'un demi-
siècle. Quand on considère l'avenir, on est
rempli d'horreur des suites qu'il peut avoir.
On dit, observe Hume, que pour augmenter
le commerce et multiplier les richesses, le
moyen le plus assuré est de créer des fonds,
de faire des dettes et de mettre des taxes sans
bornes : il faut mettre cette maxime au rang
de l'éloge de la folie, de la fièvre et du pané-
gyrique de Néron et de Busiris. L'effet des
papiers publics, ajoute le même auteur, est
d'attirer beaucoup de monde dans la capitale
et de rendre désertes les provinces. Ils ban-
nissent l'or et l'argent du commerce, et par
ce moyen rendent les provisions et le travail
plus cher qu'ils ne le seroient autrement; ils
nécessitent de nouvelles taxes sans lesquelles
on ne pourroit point soutenir le crédit du
papier, et par là on opprime le peuple. Les
étrangers possèdent une partie de ce papier :
le public devient leur tributaire ; enfin le papier étant toujours dans les mains de gens
paresseux qui vivent sur leurs revenus, est un
encouragement pour la vie oisive et inutile.

Les dettes publiques , continue Hume , sont semblables à ces vers rongeurs dont les ravages secrets dans un corps absorbent enfin sa substance. L'imagination la plus propre à se flatter ne sauroit espérer que ce ministère ou tout autre à l'avenir, aient une frugalité assez rigide et assez constante, pour faire quelques progrès dans l'acquittement de nos dettes, ou que la situation des affaires étrangères leur laisse assez de loisir et de tranquillité pour exécuter une pareille entreprise. Que deviendrons-nous ? un tems viendra où les ressources épuisées nous laisseront sans moyen de défense. Dans un instant l'ennemi peut venir sur nos côtes; l'argent pourra être prêt alors au trésor national pour acquitter un quartier d'intérêt : la nécessité parle, la crainte presse, la raison exhorte, la compassion seule s'oppose, et c'est en vain ; on se servira de l'argent pour le service courant, sous les protestations les plus solemnelles de le remplacer immédiatement; mais on sera dans l'impossibilité de remplir cette promesse. L'édifice entier , déjà chancelant, s'écroule et ensevelit des milliers d'hommes sous ses ruines. Voilà ce qu'on peut appeler la mort naturelle du crédit public ; voilà où tend aussi naturellement notre corps politique, que celui de l'animal tend à sa destruction.

Le gouvernement anglais fonde ses richesses sur le crédit public, et le crédit public sur sa banque. De tous les établissemens celui de la banque est le plus fictif : elle n'a aucune réalité ; son existence est dans son nom. C'est un être de raison qui tire sa création de l'opinion des hommes ; son plus grand enchantement est de substituer des signes imaginaires a des sommes réelles, opération forcée qui doit nécessairement en opérer la chûte. Les juifs avoient été chassés autrefois de plusieurs états de l'Europe, pour avoir imaginé les premiers qu'on pouvoit changer l'argent en papier, et ensuite changer ce même papier en argent ; opération malheureuse, qui a bouleversé la fortune de plusieurs sociétés politiques, et qui força les habitans à quitter leur patrie, emportant tous leurs effets, meubles et immeubles, sans laisser aucune trace de leur évasion.

La première opération que fit la banque de Londres, fut de prêter au gouvernement un million deux cent mille livres sterlings, somme qui lui avoit été confiée comme en dépôt par les souscripteurs, qui, par conséquent ne lui appartenoit point ; la seconde fut d'attirer tout le numéraire de la nation, persuadée qu'avec ce grand dépôt, elle pourroit former de grands projets, soit en continuant à faire des avances au gouvernement, soit à gagner des sommes considérables pour l'intérêt de l'argent qu'on lui avoit prêté, spéculation qui tendoit à s'emparer des capitaux de la Grande-Bretagne. Le projet fut bien conçu, il fut bien exécuté. La banque royale devint un gouffre, où toutes les richesses de la nation vinrent se précipiter. Quand elle eut attiré à-peu-près tout le numéraire, elle offrit en prêt de nouvelles sommes au gouvernement, qui ne fit pas de grandes difficultés pour les prendre ; c'est-à-dire, comme on vient de le voir, qu'elle lui confia un argent qui appartenoit aux actionnaires. Ce brigandage financier étoit une violation de la foi publique.

Le parlement favorisa cet agiotage qui devoit ruiner l'état : il vit la facilité qu'on avoit de trouver de l'argent, et au lieu d'arrêter ce monopole, il se rendit lui-même caution du gouvernement d'un emprunt qu'il n'auroit jamais dû lui permettre de faire. Cette collusion fut le triomphe de la banque, puisque, soutenue par le parlement, elle ne craignoit ni reproche, ni accusation. Lorsque

la législation se prête à favoriser les opérations meurtrières des agioteurs, l'état est
perdu. La cour se réunit au gouvernement
et ce fut par ce commerce continuel de
monopole et de spéculation que la banque
fonda les bases de son établissement. Avant
le règne de Guillaume, lorsque le roi demandoit de l'argent au parlement, le corps
législatif lui disoit souvent qu'il n'en avoit
point ; mais dès que les directeurs de la
banque lui eurent remis les clefs du trésor
public, le monarque en pût puiser tant qu'il
voulût, et dès-lors les subsides accumulés
accablèrent la nation : il faut bien nécessairement que ce poids l'écrase et l'anéantisse.

Le règne de Guillaume III devient une
époque intéressante pour les apologistes et
les admirateurs de la constitution britannique. Examinons rapidement cette constitution et l'influence qu'elle a sur le système
politique et les mœurs de la nation anglaise;
nous apporterons dans cet examen, cette
impartialité qui doit caractériser un ami de
la vérité : l'historien qui veut instruire son
siècle et éclairer les générations futures, n'est
d'aucun parti ; il est étranger à toutes les
factions, il n'est point l'esclave des préjugés
nationaux ; il examine, il discute, il juge

sans crainte, sans passions; il ne redoute ni la calomnie, ni l'oppression. Dans l'auguste ministère qu'il exerce, il se sépare des hommes, quitte le tumulte des villes, et, seul avec sa conscience et son génie, il va chercher un asyle dans le sanctuaire sacré et inviolable de la nature.

Il est peu de contrées en Europe, où la propriété soit plus respectée, et l'industrie publique plus encouragée qu'en Angleterre. Là, on récompense les talens, on approfondit les secrets de la politique, on défend les droits de la liberté; le génie, sans efforts comme sans entrave, peut annoncer des vérités utiles, et se placer à côté du trône pour instruire les rois et éclairer les peuples. Cependant la Grande-Bretagne est le théâtre des fureurs et des factions intestines, les fondemens de l'état y sont presque ébranlés par de violentes commotions, les rois y ont été détrônés, et ont péri au milieu des tortures et des échafauds, les grands ont été massacrés par le glaive de la loi, la noblesse a été exterminée dans les combats, le peuple a été féroce et malheureux, les villes et les provinces ont été inondées de flots de sang, et les campagnes ont été couvertes des cadavres. La superstition religieuse a exercé

ses vengeances , et le fanatisme politique
ses fureurs : les autels ont été renversés et
une religion bizarre et absurde s'est élevée
sur les débris du catholicisme ; on a détruit
l'alliance avec le pontife de Rome , et on
s'est soumis à la domination des prêtres anglicans. Le trône a été le prix de l'audace ,
de l'usurpation et des crimes , et il n'a pu
être affermi que par la tyrannie et la terreur.

Cet empire, depuis sa naissance, a été un
assemblage continuel de vices et de vertus,
d'héroïsme, de perfidie, de courage et de
férocité, de tolérance et de fanatisme, de
religion et d'incrédulité , d'orgueil et de
bassesse , d'actions sublimes et bizarres.
Cette nation a été domptée et conquise par
les Saxons, les Danois , les Normands : elle
a été opprimée par la tyrannie de ses rois
et a gémi sous les chaînes de la féodalité ;
elle a combattu tour-à-tour pour sa liberté,
et s'est prosternée devant ses oppresseurs.
Cette chambre des communes , instituée
pour défendre les droits du peuple , a consacré tour-à-tour l'assassinat, l'usurpation et
l'esclavage : elle a fait périr ses rois et a
donné le trône britannique à des tyrans et
à des usurpateurs. Factieuse sous des princes
foibles, esclave sous des monarques fermes,

elle a brisé le pacte social et fomenté ces guerres qui, pendant des siècles, ont ravagé et inondé de sang les villes et les provinces. Cette nation a été avilie sous la domination de ses conquérans, malheureuse sous le règne de la race de Plantagenet, tremblante et esclave sous la dynastie de Tudor, factieuse sous les princes de la famille de Stuard, corrompue et dégradée sous les rois de la maison de Brunswick.

Là, on brave le peuple et on craint ses menaces. L'Anglais est tour-à-tour républicain et fauteur du despotisme. Libre par la constitution de l'état, et esclave par son gouvernement; affranchi de la tyrannie par les lois et avili par la corruption ministérielle, courtisan et philosophe, ambitieux et moraliste, religieux et enthousiaste, commerçant par intérêt et conquérant par orgueil; ami de l'humanité au sein de ses foyers, inhumain et féroce dans ses colonies, tranquille pendant la paix et terrible au milieu des troubles et des séditions; vertueux par vanité et vicieux par calcul, impétueux dans les factions et froid dans les actions civiles de la vie; triste et méthodique au milieu des fêtes et des plaisirs, généreux et magnifique chez l'étranger, économe dans sa patrie, aimant la vérité et devenant le jouet des erreurs politiques ; ennemi des rois dont il recherche les honneurs et sollicite les dignités : l'élément qui entoure cette contrée lui communique son inconstance et ses agitations.

La constitution anglaise devient l'objet de l'admiration et des éloges des politiques et des philosophes. Les hommes qui se livrent à l'étude du droit naturel dans les diverses monarchies de l'Europe, entourés chez eux du spectacle de l'esclavage, croient voir dans les îles britanniques la retraite fortunée où la liberté s'est réfugiée. Sans doute cette constitution fut quelque chose de sublime pour le tems de ténèbre et d'esclavage, qui la virent naître lorsque le despotisme subjuguoit tout, le plus léger effort pour s'en affranchir étoit une entreprise hardie et glorieuse, c'étoit l'aurore de la liberté qui devoit éclairer et purifier l'horizon politique ; mais les orages ont obscurci cette horizon, ils ont produit la foudre qui à détruit les moissons et ravagé les campagnes. Sans doute cette constitution est propre à développer la grandeur du génie et à balancer les pouvoirs ; mais fait-elle la félicité de la nation, et lui donne-t-elle le sentiment de son indépendance et l'amour des vertus publiques ? N'a-t-elle pas sacrifié son intérêt, son honneur, ses droits pour donner à l'univers le spectacle de sa puissance et de son orgueil ? A quoi sert d'admirer et de proposer pour modèle une constitution qui a produit les guerres civiles, les factions, les crimes et tous les fléaux de la nature ? La grandeur et l'éclat d'un empire n'annoncent pas toujours la sagesse de ses lois constitutives ; ces signes sont quelquefois les précurseurs de sa chûte et de son esclavage. On doit juger de l'excellence d'une constitution par son influence sur le bonheur public : il ne faut point considérer le gouvernement d'une nation pour savoir si elle est libre : elle est libre lorsqu'elle est heureuse, et alors son gouvernement est digne d'admiration. Fixez vos regards sur le peuple et sur la contrée qu'il habite, si les campagnes sont florissantes et les champs cultivés, si la joie règne dans les fêtes champêtres, si dans les villes le peuple travaille et chante au milieu de ses travaux, s'il aime son gouvernement, et obéit aux lois, si les mœurs publiques sont pures, si tous les citoyens sont unis par les liens de la paix et de la confiance, alors soyez saisi d'admiration et de respect en voyant cette nation , et croyez qu'elle est libre parce qu'elle est heureuse.

L'Anglais , par une heureuse magie , se croit libre : il a renversé la tyrannie de ses rois et détruit la féodalité ; il s'est associé à la puissance législative , et exerce les droits de la souveraineté. Mais pourquoi faut-il que cette constitution l'entraîne à la servitude ? pourquoi faut-il que son code civil soit un mélange de confusion et d'injustice ? Né des institutions des sauvages et de la féodalité anarchique , ce code de jurisprudence renferme des principes destructifs de la liberté , et outrage tout-à-la-fois la justice et l'humanité. L'Angleterre qui a créé les Bacon , les Loke , les Clarendon , les Pope , les Hume , les Roberson , n'a pas encore changé sa législation civile. Les gouvernemens craignent-ils donc d'éclairer et de consoler les peuples, ou faut-il des siècles à la nature pour produire un législateur philosophe ?

Le peuple anglais pense être libre , dit l'auteur du contrat social , il se trompe fort ; il ne l'est que durant l'élection des membres du parlement : sitôt qu'ils sont élus , il est esclave. Il n'est rien dans les cours momens de sa liberté : l'usage qu'il en fait mérite bien qu'il la perde. On peut ajouter que le peuple anglais n'est pas même libre durant l'élection des membres du parlement : sa liberté est vendue d'avance ; l'intrigue et la séduction achètent ses suffrages, et il choisit malgré lui, non pas les députés les plus propres à défendre ses droits, mais ceux que les agens du gouvernement lui désigne. Un peuple corrompu n'est pas libre : l'immoralité produit la servitude.

Cet état de violence et de despotisme qui force un citoyen paisible à servir sur les escadres britanniques, cette fiscalité inquisitoriale qui, au moindre soupçon, ordonne à tous ses satellites d'aller violer les asyles et de pénétrer dans les secrets des familles ; cette proclamation de la loi martiale qui massacre et détruit, lorsque le gouvernement entend le cri de la liberté et la voix plaintive des opprimés, ces entraves qui gênent le commerce, cette intolérance religieuse, ces corporations dangereuses, ces parlemens vendus aux caprices de la cour, et aux volontés des ministres, cette multiplicité d'emprunts et de taxes, cette progression annuelle des capitaux, cette facilité à augmenter la dette nationale, cette confiance dans la circulation du papier-monnoie, ce défaut de la représentation du peuple, ce vice dans le choix des suffrages, cette irrégularité dans les élections, cette rigueur dans les lois pénales, ce pouvoir arbitraire de dissoudre l'assemblée nationale, ces combats de la prérogative royale et de la liberté publique, cette réunion du pouvoir législatif au pouvoir judiciaire, ce droit exclusif de la chambre des pairs de juger les crimes de lèze-nation, cette magistrature suprême devenue héréditaire et perpétuelle, tous ces abus démontrent les imperfections et les vices du gouvernement de la constitution britannique, et prouvent que l'Anglais ne jouit pas de cette liberté qui doit être fondée sur les véritables principes de la raison, de la politique, de la nature et sur les maximes éternelles de la morale.

Au milieu de cette fluctuation de pouvoir et de liberté, la nation anglaise oublie ou méconnoît ce pacte primordial qu'elle a proclamé avec tant de solemnité. Oui, elle deviendra esclave en croyant conserver son indépendance et son orgueil. Quelle est cette liberté que les représentans du peuple peuvent attaquer ou altérer sans craindre d'être punis par leurs constituans? quelle est cette liberté que ces constituans confient sans examen à des citoyens qui les ont achetés eux-mêmes à prix d'argent ? Le roi peut faire du congrès, qui représente la nation, l'oracle de sa volonté et l'instrument de son despotisme ; il peut détruire la liberté publique, il peut opprimer son peuple sans craindre ces lois qui limitent sa puissance et son pouvoir. Si on ne voit point dans la Grande-Bretagne le despotisme légal, on y apperçoit la corruption ministérielle, agent plus dangereux et plus redoutable que l'autorité absolue du monarque, puisque le peuple anglais respecte dans son roi le droit qu'il a de le corrompre. Le despotisme par ses propres excès, s'épuise et s'anéantit, et sur ses débris naît et s'élève l'auguste édifice de la liberté publique; mais lorsque la constitution par ses vices, le gouvernement par sa corruption, invitent et forcent le peuple à étendre le pouvoir au-delà des limites qui sont fixées, alors cette nation devient nécessairement esclave et ne sauroit conquérir sa liberté : elle se réjouit au milieu des chaînes qui l'oppriment, voilà le dernier degré de perversité et de dégradation d'un peuple, qui, en proclamant son indépendance et ses droits, se prosterne devant ses oppresseurs, et baise la main qui lui forge des fers.

Le roi élit les membres de la chambre des
pairs. Ce sénat aristocrate et perpétuel ne
représente pas la nation, et cependant il
partage la puissance législative avec des
coopérateurs amovibles et passagers, mais
nommés par la peuple. Les pairs, étrangers
pour ainsi dire dans le sein de l'état, attachés
par intérêt, par ambition, par reconnoissance au monarque, peuvent facilement se
réunir aux ministres pour sacrifier la liberté
publique, pour étendre l'influence de la couronne, et pour augmenter les droits de l'autorité royale. Une nation n'est pas libre,
lorsque ceux qui exercent la puissance législative, ne reçoivent point leur pouvoir et
leur mandat du peuple. La constitution anglaise, en divisant l'autorité et en multipliant les pouvoirs, ne donne pas assez de
force au peuple anglais pour conserver sa
liberté et pour résister au despotisme : que
peut-il opposer à la puissance du roi, au
pouvoir de la chambre des pairs, aux intrigues des ministres et à la corruption de
ses propres représentans? Le monarque est
le chef de l'état, le pontife de la religion,
le premier magistrat de la patrie; il dirige
la force armée, fait exécuter les lois, nomme
à tous les emplois civils, militaires et reli-

gieux, distribue les honneurs, les dignités, possède des trésors immenses, déclare la guerre, fait la paix, forme des alliances ; il est associé au pouvoir législatif, il exerce une puissance supérieure à la nation, puisqu'il a le droit de proroger et de dissoudre le parlement ; il est revêtu de la puissance exécutive dans toute sa plénitude. Les pairs sont par la loi même indépendans de la nation, puisqu'ils exercent une magistrature perpétuelle ; les ministres peuvent impunément enchaîner les volontés, et corrompre les consciences ; les communes peuvent se vendre, se dégrader, trahir la cause du peuple, et violer les droits de la liberté sans craindre la justice de leurs constituans. Voilà les désordres, les abus et les vices que produit la constitution britannique : elle étoit sans doute destinée dans son origine à affermir et à balancer tous les pouvoirs, mais le tems a corrompu sa tige et desséché ses rameaux.

La nature conduit tout ce qui existe à sa dissolution, rien ne peut changer les destinées des empires. Ainsi que l'homme, ils passent de l'enfance à la jeunesse, de la jeunesse à l'âge mûr, de la vieillesse à la mort. Rien ne peut suspendre cette marche lente et insensible. A peine sont-ils arrivés à ce point de prospérité qui fixe les regards et l'admiration des hommes, qu'un bras caché semble les pousser violemment vers leur décadence. En vain luttent-ils dans le cours des âges, contre la destinée qui les presse, ils sont nécessairement forcés de devenir la proie du tems qui précipite dans les tombeaux les générations, leurs lois, leurs institutions, et ces monumens superbes qui sembloient braver les siècles et promettre l'immortalité. Comme toutes les choses humaines ont une fin, dit Montesquieu, l'Angleterre perdra sa liberté. Rome, Lacédémone, Carthage ont bien péri : elle périra lorsque la puissance législative sera plus corrompue que la puissance exécutive. Cette époque, fixée par le législateur des nations, est enfin arrivée ; cette prophétie politique va s'accomplir : la corruption, érigée en système politique, a perverti les consciences, dégradé les conceptions, détruit les vertus publiques, et a substitué à l'amour de la patrie et de la liberté, cette soif insatiable de l'or, et cette avidité des honneurs et des dignités qui changent la nature de l'homme, mettent en fermentation toutes ses passions, et lui donnent les vices d'un esclave ; les uns deviennent des courtisans et des favoris occupés à entourer le trône et à flatter les rois pour obtenir les honneurs du ministère ou la dignité de la pairie ; les autres se déclarent les ennemis de l'autorité royale, et les dénonciateurs perpétuels de l'administration publique, pour acquérir cette célébrité que l'enthousiasme donne aux vertus républicaines, et quelquefois à l'hypocrisie politique. Dévorés par l'ambition, ils veulent fixer les regards de l'Angleterre, et développent un grand caractère d'opposition pour forcer la cour à leur confier les rênes du gouvernement. Lorsqu'ils sont parvenus au faîte des grandeurs et des richesses, ils abandonnent leurs anciens principes, et ces Caméléons politiques deviennent les fauteurs du despotisme qu'ils affectoient de combattre. Depuis que la maison de Brunswick occupe le trône de la Grande-Bretagne, le peuple anglais est enseveli dans les profondeurs de la corruption : il étoit plus libre et plus juste sous les règnes des races de Plantagenet, de Tudor et de Stuard. Au milieu des factions et des guerres civiles, il montroit quelques vertus, et se rappeloit avec orgueil son ancienne valeur et ses mœurs primitives ; mais aujour-

d'hui il ne présente que le spectacle d'une
nation avilie , qui voit sans effroi l'accroissement de la tyrannie , et se présente d'elle-
même pour recevoir les fers de l'esclavage.
Cette nation doit nécessairement périr, puisqu'elle est arrivée à ce terme de corruption
qui bouleverse les empires et les précipite
vers leur dissolution.

L'Angleterre périra , mais avant cette
époque elle deviendra une monarchie illimitée. Ses rois, pour étendre et affermir leur
autorité , n'armeront point une partie de la
nation contre l'autre ; le glaive n'égorgera
point des victimes ; l'étendard de la guerre
civile ne sera point déployé , et ne ravagera
point les villes et les provinces ; des factions
ennemies n'arboreront point le signal du carnage et de la destruction ; un républicain
farouche ne viendra point renverser les autels et ensanglanter le trône : le peuple avili
et corrompu se présentera de lui-même pour
recevoir les fers de l'esclavage et pour bénir
ses oppresseurs ; il ne sentira plus le prix de
son indépendance et les bienfaits de la liberté. Après avoir parcouru tous les degrés
de l'infortune et de la misère , il sera conquis et subjugué. L'Anglais a fondé sa constitution dans un tems d'anarchie et de supers-

tition, elle sera renversée dans un tems de lumière et de paix. Le physique a un cours juste et régulier, ses périodes sont fixés irrévocablement; le moral est régi par les mêmes lois; l'astronome connoit le cours des astres et annonce leurs différens mouvemens. Ainsi, le philosophe qui médite dans le silence et le calme des passions, qui connoit les mœurs actuelles d'un peuple, ne peut point se tromper lorsqu'il prédit ses destinées.